MON TOUR
DE VÉRITÉ

PATRICK SABATIER

MON TOUR DE VÉRITÉ

BERNARD GRASSET
PARIS

Je dédie ce livre à tous ceux pour qui la vérité n'est pas qu'un jeu, mais la recherche du bonheur dans leur vie de tous les jours.

A ma mère que j'adore,
à mon père et mon frère qui sont mes deux meilleurs amis,
à Isabelle heureuse et vraie,
à la vie si présente et si fugace...

1

Comme le temps passe

Une rame du métro aérien passa devant notre fenêtre, boulevard de l'Hôpital, dans le XIIIe arrondissement de Paris. Il faisait déjà nuit, et ma mère s'inquiétait : mon père et mon frère n'étaient pas encore rentrés. Elle reportait son inquiétude sur mes devoirs de classe et la cuisson des pâtes.

Quatre assiettes étaient empilées à un bout de la table. Je faisais mes pages d'écriture à l'autre bout, barbouillant d'encre violette notre nouvelle toile cirée, achetée aux Nouvelles Galeries.

Ma mère apporta en soupirant longuement les quatre serviettes, ceintes de leur rond personnalisé. Le mien, en argent jauni, avait été offert par des collègues de mon père. On pouvait encore y voir les petits lapins et les clowns. Et mon nom : *Patrick.*

J'avais sept ans, mais j'aurais voulu en avoir douze, comme Jacky, mon frère, qui avait le droit d'aller rejoindre Papa, marchand des quatre-saisons place d'Italie. Il l'aidait aux dernières ventes, savait rendre la monnaie, peser un kilo d'endives et pousser la voiture à bras jusqu'au garage, qui coûtait les yeux de la tête. J'ignorais ce que voulait dire « les yeux de la tête », « dormir sur ses deux oreilles » et « le nez au milieu de la figure ». Et je m'en fichais, parce que mon ours en peluche était très différent de tout cela. La truffe lui manquait, ainsi qu'un œil, et ses oreilles pendaient.

Il ressemblait quand même à l'ours idéal moyen. Pas beau, pas jeune, pour un ours, mon âge. Né en 1951 au rayon « jouets » du Bazar de l'Hôtel de Ville. Assis sur le canapé-lit vert bronze, il surveillait de son œil unique la progression de mes devoirs.

Ma mère veillait à la cuisson des spaghettis, dans sa petite cuisine encombrée. Elle se plaignait de ne « pouvoir se retourner là-dedans », mettre un pied devant l'autre, mais tout était à portée de main. Elle était toujours en mouvement, vive, active, survoltée, c'était son tempérament italien qui exigeait d'elle une fébrilité de chaque instant, et cette inquiétude qui revenait comme un leitmotiv.

— Ils devraient être là.

Elle tirait le rideau de plastique opaque pour avoir l'œil sur moi. Que je ne fasse pas de bêtises, au moins. Avec moi, on ne savait jamais.

— J'espère qu'il ne leur est rien arrivé, disait-elle en se mordant la lèvre inférieure, on a bien assez d'ennuis comme ça.

Je ne savais pas quels ennuis nous avions. Je regardais ma mère, bouche bée, elle était ronde, petite, gracieuse. Elle voulait que Jacques et moi soyons les meilleurs enfants du monde, des exemples. Des images. Mais rien n'aurait pu nous pousser au mal, parce que si nous n'avions pas tout, nous avions mieux : cette famille.

Dans la pièce unique où nous vivions, l'air n'a jamais manqué, et nous ne nous sommes jamais sentis serrés. C'était la fin des années cinquante : mes années cinquante. Nous nous tenions chaud, d'une chaleur qui ne nous a jamais quittés.

Le lit de mes parents avait une armature métallique bruyante. On l'avait calé dans un coin, avec, sous les quatre pieds, des carrés de feutre gris. Jacky et moi dormions dans le canapé-lit, qu'il fallait déplier le soir, juste après le dîner, avant la cérémonie de la toilette. Mon frère s'occupait de cela, et il avait à cœur son rôle d'aîné, me protégeant, aidant ma mère et secondant mon père. J'étais le petit, celui qui assiste, et qu'on déplace au gré des mouvements de balai ou des chaises à épousseter. J'étais docile. Je savais qu'il fallait jouer aux quatre coins. Et puis j'étais le chouchou, le dernier.

Un gosse en culotte de gros velours, aux genoux ronds. Ma mère aimait tricoter mes pulls, comme elle tricotait mes passe-montagnes abhorrés. Je ne m'inquiétais pas comme elle quant au retour de mes frère et père. Ils étaient des héros qui pouvaient braver la nuit. Aucun dragon n'aurait pu en découdre avec eux. Mon ours en peluche le savait bien. C'était mon frère qui lui avait arraché un œil. De Vercingétorix à Mickey Mouse, tout le monde savait que le marchand des quatre-saisons de la place d'Italie et son grand fils de douze ans avaient l'étoffe des héros sous leur blouse de la Samaritaine. Les soldats Mokarex, le nègre Banania, Zappy Max et toute la famille Duraton les respectaient. Ils allaient rentrer fourbus d'une journée comme les autres. Et mon père allait prendre du doigt, dans la casserole, un spaghetti, pour le juger trop cuit.

J'ignorais tout des « dangers » que mon frère et lui encouraient. J'imaginais. Je sortais peu des limites de mon territoire : cet appartement étriqué, et la ruelle, le passage vers la rue Buffon, mon école.

Dans la pièce, le vaisselier mangeait l'espace, et mon père voulait s'en défaire. Ma mère y tenait. C'était là un sérieux sujet de discorde. Et le vaisselier était toujours là, important, puisque entre deux bibelots il accueillait la photo de l'oncle, patriote et communiste, mort du cancer avant ma naissance

— Maman, c'est quoi une grand-mère ? ai-je demandé.

— C'est quelqu'un de très doux, avec des cheveux blancs, qui raconte des histoires.

— Pourquoi je n'en ai pas, moi ? Elles sont mortes toutes les deux ?

— Elles sont mortes, en effet. Finis tes devoirs.

— Je réussis pas avec le F majuscule...

Ma mère se pencha par-dessus mon épaule, prit mon porte-plume et bricola une espèce de F majuscule qui ressemblait à un tortelloni. Elle était très forte pour les pâtes.

Il y eut des pas dans l'escalier. Elle s'est recoiffée, vite, dans le petit miroir de la cuisine, laquelle faisait aussi office de salle de bains, le même évier de faïence accueillant aussi bien les assiettes que nos pieds. Ma mère récurait derrière, plus blanc que blanc.

La clef tourna dans la serrure. Je rangeai mes affaires.

Mon père avait des cheveux gris, et il portait tous les jours une cravate différente, nouée pareillement, de travers. Ma mère soutenait dans tout le voisinage que, s'il n'avait pas vendu des légumes dans tous les courants d'air de Paris, il aurait été quelqu'un. Je ne voulais surtout pas que mon père soit quelqu'un, quelqu'un d'autre que lui. Lorsqu'il arrivait, je me cachais derrière le vaisselier, mais il me retrouvait toujours. Il était rusé. Il ne disait pas grand-chose, mais quand il le disait, c'était comme s'il mettait sa bouche dans l'oreille de Dieu.

Mon frère avait adopté les mêmes silences. Il copiait mon père. A moins que le fait d'être toujours ensemble ne les ait fait se ressembler au point qu'on les confonde. La même gravité, la même tempête sous leur crâne. La même tolérance. Une certaine lenteur. Je pouvais courir dix fois autour de mon père avant qu'il ne m'attrape pour me faire voler dans ses bras.

Mon père ôtait sa cravate en commentant les ventes de la journée. Mon ours écoutait, sensible au coût de la vie. C'était un ours qui comprenait tout. Il savait écouter sans montrer ses sentiments. Je lui avais expliqué comment la maîtresse m'avait donné un bon point pour avoir su écrire à la craie, sans la casser, sur le tableau noir et devant toute la classe de la rue Buffon, la date du jour : 12 novembre 1958. J'avais eu sept ans la veille, et un gâteau. Mais j'ignorais qui était ce grand général dont tout le monde parlait à la T.S.F.

Mon père était attablé, silencieux, presque grave. Je me faufilais sous la table pour lui tirer les orteils, alors il riait, il me prenait dans ses bras, et je gigotais. Il me chatouillait.

— Toujours en mouvement, celui-là, il lui faudra un métier qui bouge, représentant...

— Ah non, a dit ma mère, professeur. C'est plus sûr, ça pose, et il connaît bien son orthographe...

Mon ours en peluche pensait autrement. Il aurait voulu que je sois montreur d'ours. Mais je l'ai perdu, plus tard, sur un banc de métro, à la station Campo-Formio. C'est lui qui m'a quitté, peut-être. Il est reparti vers l'arc-en-ciel, la maison de retraite des ours. J'ai pris l'habitude d'enfiler seul mon pyjama, de lacer mes chaussures, de me brosser les dents, de laver mes oreilles et de ne pas avoir peur du noir, sur le palier, en allant aux waters. Cet ours, il n'avait pas même de nom, mais je le pleurais, parfois, la nuit, contre mon frère, qui savait alors raconter l'histoire des pays où les ours en peluche deviennent soudain invisibles pour mieux vous aider. J'y croyais. Mon père, pas loin, ronflait un peu.

— Je voudrais bien ronfler comme ça, disait Jacky, épaté.

Le lendemain matin, je bâillais devant mon bol de cacao, mes tartines, un épi sur la tête. Il faisait toujours nuit. Mon père était déjà parti, très tôt, aux Halles. Le métro passait, repassait. Une aube rose s'installait dans notre pièce, élargissant les murs.

Ma mère avait replié notre lit, comme on remballe les rêves. C'était jour de classe. Elle réchauffait un petit café fumant. Elle le buvait en commentant ses diverses activités de la journée à venir. Elle se levait toujours au même moment pour vérifier la date sur le calendrier des postes, et s'exclamait : « Déjà ! »

Elle me beurrait une dernière tartine, du pain parisien de la veille. J'allais sur ses genoux, et j'enfouissais ma tête dans son cou, sous ses cheveux noirs. Il fallait partir pour l'école, malgré le froid, la rue, les gens. Je ne manquais pas de recommandations de prudence. Ma mère voulait m'éviter le pire de la vie pour n'en garder que le meilleur. Mais les deux sont si liés qu'on ne saurait goûter l'un sans l'autre... L'enfance, c'est toujours une salle de jeux et une salle d'attente. Un moment vient où il faut jeter son ours, c'est votre tour. Tour de passe-passe ou tour de vérité.

— Patrick, si tu trouves 100 francs dans la rue, qu'en fais-tu ? a demandé ma mère.

— Je te les donne, maman.

— Non. Si tu trouves 100 francs, donne-les à un plus malheureux que toi.

— Mais moi, je suis tellement heureux, maman, tout le monde est plus malheureux.

Elle m'a serré dans ses bras. Elle a vérifié si j'avais bien lavé mes oreilles derrière, et si mes ongles étaient propres. Elle était très stricte sur notre tenue. Elle s'est levée pour aller farfouiller dans sa cuisine, et elle a lancé :

— Patrick, si tu trouves 100 francs dans la rue, laisse-les. On ne sait pas qui les a gagnés, ni comment. Gagne toi-même ce qu'il te faut. Nous avons peu, mais nous nous avons, nous. Qu'est-ce que tu as fait de ton ours ?

— Je n'ai plus besoin d'ours, maman.

Ma mère débarbouillait mes lèvres d'un reste de chocolat, avec son mouchoir. Elle me recoiffait comme elle pouvait. Et je courais, cavalcade dans l'escalier, contact de l'air glacé, gifle du vent, pirouettes sur le pavé glissant. Risques de verglas, je n'écoutais pas la météo. Je retrouvais mon copain Reichmann, sous le préau de la communale. Nous étions du même mois, novembre, le mois où les marronniers sont nus, dépouillés de leurs feuilles. Chez Reichmann, il y avait des soldats de plomb dans une vitrine et de petites voitures Dinky Toys dans une boîte à chaussures. Nous nous amusions à inventer des circuits géométriques avec les rainures du parquet. Sa maman nous préparait des gâteaux secs.

Quand il pleuvait, nous jouions aux osselets, sous le préau, loin des waters où les grands fumaient en cachette. Quand il était mécontent, Reichmann allait se planter comme un puni dans un coin du préau, et il attendait, et je me mettais près de lui sans rien dire. La cloche sonnait et la punition prenait fin. Personne ne pouvait embêter Reichmann. Un mot de trop, et il allait lui-même au piquet. Il faisait ainsi en classe, et les maîtresses étaient obligées d'être très douces avec lui.

Il vivait juste à côté de l'école, ce qui était un avantage considérable : il pouvait finir son chocolat pile au moment où la cloche sonnait sans être en retard. Chez lui, il y avait un piano et une maman blonde, avec du noir à la racine des cheveux. Elle chantait souvent. Les fenêtres donnaient sur le Jardin des Plantes. On entendait parfois des cris d'animaux. Ces cris rendaient

Mme Reichmann complètement folle, elle se couvrait les oreilles avec les mains. Et puis, de temps à autre, le jeudi, elle décidait de nous inviter au cinéma.

J'aimais le cinéma. Mes parents m'y emmenaient parfois, avec les oncles et tantes, et nous payaient des Esquimaux. Je suivais Reichmann et sa mère, qui connaissait beaucoup de gens dans le quartier.

J'aurais préféré aller revoir les animaux du Jardin des Plantes, les singes et les dromadaires. L'Afrique me semblait un continent très hospitalier pour les animaux et les enfants.

Quand je rentrais du cinéma, je disais que j'étais allé au zoo. Je décrivais toujours le même tigre.

— Ce n'est pas vrai, Patrick, a dit mon père, ton frère t'a cherché. Où te cachais-tu ?

— J'étais avec Reichmann... On jouait...

— Pourquoi ne dis-tu pas la vérité, quand on te la demande, puisque tu n'as rien à cacher ?

— Je suis allé voir *Zorro,* au cinéma, avec la mère de mon copain.

— Nous aurions dû payer ta place. Et c'était bien, ce film ?

Je me souvenais par cœur de chaque réplique, de chaque scène, du moment où Zorro passe sous la cascade pour reprendre son habit de tous les jours. Je mimais tous les personnages, et même le gros sergent Garcia. Mes parents ont d'abord souri, puis ils ont éclaté de rire.

— Tu pourras toujours devenir clown, me dit mon père.

Quand mon frère est entré, j'étais tellement énervé, pris par mon jeu, que je l'ai annoncé : « Voici Zorro ! »

Il a écarquillé les yeux et m'a conseillé un peu plus de calme. Et il a eu un drôle de sourire, confiant, et ce geste, que je n'oublierai pas : il a serré ma nuque dans sa main en me regardant dans les yeux. Je me suis senti comme un chevalier sur l'épaule duquel le suzerain pose son épée.

Je ne dis rien, je suis sur une chaise et regarde fixement devant moi. Il est 20 h 25 et nous sommes au début de janvier 1985 dans les coulisses du studio 17 des Buttes-Chaumont. Une main m'agrippe la nuque et j'entends une voix très célèbre me dire :

— Tu sais, Patrick, je ne sais plus ce que je fais là, ni si j'ai raison d'y être, mais toi et moi, nous ne devons pas perdre.

Je tourne à peine la tête. Alain Delon est blême, blanc, blafard. Il est en même temps Alain Delon, tel que tout le monde le connaît, la star. Un homme sûr de lui et de son public. Je suis allé le chercher hier à l'aéroport. Quand il est descendu de la passerelle, les photographes l'ont mitraillé. Puis les journalistes nous ont assaillis. Nous voulions déjà prendre le verre de l'amitié, à l'écart, mais Delon n'a plus droit à l'écart. Il vit sans cesse au grand jour. Exposé.

J'étais content que Delon soit mon premier invité pour « Le Jeu de la vérité ». Je ne l'avais rencontré qu'une fois, dont il avait été satisfait, et il m'avait promis sa présence quand j'en aurais besoin. Et j'en avais besoin, pour inaugurer mon émission, avec l'année nouvelle. Je voulais quelqu'un de fort, exposé. Delon était l'homme.

Il était ponctuel, précis, professionnel, et rien ne semblait pouvoir l'abattre. J'étais sécurisé par une personnalité hors du commun, un mythe.

Et sur son siège, près de moi, cinq minutes avant l'émission, je le sentais défaillir. Il se décomposait, et, soudain, moi aussi, j'ai eu peur.

« Nous ne devons pas perdre... »

Il avait tout à perdre, peu à gagner. Il était là généreusement. Pas un coup de pub. Un coup d'amitié. Et c'était moi qui l'avais invité, cherché, fait venir, traîné jusqu'à cette chaise en coulisses, où il écoutait les publicités, trois minutes avant le générique. Je le sentais mal à l'aise, tendu. Je voyais une veine saillante sur son cou, et sa mâchoire crispée. Et j'étais étrangement calme. Trop calme. Le trac, bien sûr, et heureusement. Sans le trac on ne saurait pas quel travail on fait.

Delon a desserré sa prise de sur ma nuque. Il avait fait passer un influx, un magnétisme, mais il en avait reçu un autre. Je n'avais plus peur. Pas de lui, l'ami, ni du public ni du succès de l'émission. Je n'étais plus un gamin en culotte de velours que son grand frère protège contre les méchants. Je n'étais plus un débutant que les confrères cherchent à étouffer. Je n'étais plus un étudiant promu qui veut s'affirmer, s'affermir.

Sur cette chaise, une minute avant l'émission, j'ai su que j'étais vraiment moi. Patrick Sabatier. Mon nom à la scène comme à la ville était le même, et j'étais moi aussi le même, et de cette fidélité me venait mon assurance.

Delon l'a sentie, cette force. J'avais beau jouer les garçonnets, les couvertures de magazine, la force, la détermination étaient là.

— On va gagner, m'a dit Delon.

Et j'ai hoché la tête. Je me suis levé, étiré. Le générique retentissait, superbe, une musique très forte, amplifiée. Je savais que Rémy Grumbach faisait des prodiges avec ses caméras. Que toute l'équipe était fiable. Que l'émission était au point et que, dès la première, tout irait bien.

Delon m'a regardé, avec ce sourire en dents de loup. Moi aussi, je souriais, confiant. Une nouvelle aventure... Et je suis entré dans le champ des projecteurs, Delon à mes côtés. J'ai salué, présenté Alain et l'ai mené jusqu'à son siège, la sellette... J'ai tardé un quart de seconde à m'asseoir. Quel drôle de chemin m'avait conduit jusqu'ici ? Comment des rêves de gosse — à ce point insensés — m'avaient-ils propulsé sur ce plateau, devant ces caméras et ces millions de téléspectateurs ? Je me suis assis.

— Jurez de dire la vérité, toute la vérité, rien que la vérité.

2

Rencontre... rencontre

Tout a commencé il y a dix ans, le 1er septembre 1975, et j'étais insouciant, inconscient, peut-être, mais heureux. J'entrais à la télévision, par la petite porte, bien sûr, mais elle me semblait grande à l'époque, et derrière la porte, il y avait un monstre sacré, un sacré monstre, une « grosse tête » bien pleine : Philippe Bouvard.

J'entrais en fait à l' « école Bouvard ». J'étais propulsé dans un nouveau monde grâce à un coup de téléphone, donné au culot trois mois plus tôt. Je me trouvais en face d'un Napoléon survolté, précis, tyrannique. Dans son bureau de la Maison de la radio, les anciens comme moi, le nouveau, nous étions aux ordres. Je retenais ma respiration, mon cœur battait, mais Bouvard ne l'entendait pas. Je m'étais habillé correctement et, malgré la chaleur, portais une cravate. Elle était inutile. Je n'étais pas là pour passer à l'antenne, mais pour faire mes preuves.

Nous étions six, ce lundi, à 14 heures. Nous préparions une émission du samedi soir, sur la deuxième chaîne, « Dix de der ». « Monsieur Bouvard », comme on l'appelait, en était le producteur, l'animateur, l'âme. Un patron, un vrai pro. Il n'y avait pas de doute. Il ne faisait aucun effort pour être aimable et ne demandait rien : il voulait.

Je devais m'occuper de la « Vie secrète des Français », une séquence comparable à une caméra invisible un peu scabreuse.

Bouvard demanda à chacun les idées qu'il avait concernant sa rubrique. Il tranchait : « Non, mauvais, non. » Parfois, il se montrait plus clément : « Ça va. On verra. »

Mon tour arriva.

— Vos idées ?

Je n'en avais pas. J'ignorais les règles du jeu.

— Quoi ? explosa-t-il. Vous n'avez rien, alors que vous avez eu trois mois pour trouver au moins une idée !

Il me traita de tous les noms devant l'équipe réunie. Il rugissait, je rougissais. J'apprenais l'humilité. Et soudain, je me suis lancé.

— On pourrait filmer les gens dans un sex-shop...

J'ai vu alors le visage de Philippe Bouvard changer, s'ouvrir. Le mot avait fait tilt.

— Pas mal, pas si mal. Allez-y.

J'ai poussé un soupir de soulagement. Bouvard était déjà passé à un autre sujet. La réunion dura une heure et demie, et je ne devais plus revoir le « boss » jusqu'à ce que mon sujet soit réalisé.

Je me retrouvais, à vingt-trois ans, à la tête d'une équipe regroupant un cadreur, un éclairagiste, un preneur de son et un réalisateur. Ces gens-là étaient tous des professionnels confirmés, et ils me rassuraient, ils m'assuraient que tout se passerait bien. Nous avons fait quelques repérages avant de trouver la boutique idéale, rue de Marignan. Je n'étais jamais entré dans ce genre de lieu, mais j'eus l'occasion de voir qu'ils étaient très fréquentés, par toutes sortes de gens, et des plus inattendus. Le propriétaire hésita longuement avant de se laisser persuader que notre jeu était innocent. C'était peut-être justement cette innocence qui paraissait saugrenue dans son établissement.

Nous nous sommes cachés derrière un rideau, au fond de la boutique. Nous y avons installé la caméra, et nous avons guetté notre premier client. Il entra, timide, et feuilleta quelques revues, feignant l'indifférence, comme s'il était là par hasard, étonné de ne pas trouver son quotidien habituel. Je me suis approché de lui, et j'ai regardé par-dessus son épaule. Il m'a dévisagé, et j'ai engagé la conversation. Mais il n'était guère causant.

— Vous aussi, vous venez souvent ? ai-je demandé.

— C'est la première fois.

— Bonne lecture...

Les autres clients furent parfois plus loquaces, voire diserts. Certains étaient même de fins connaisseurs. Mais tous, au moment fatidique où ils apprenaient qu'ils étaient filmés, avaient une réaction de rejet. Ce métier était dangereux... Nous devions nous mettre à plusieurs pour expliquer que ce n'était qu'une farce. Mais quand ils entendaient le nom de Philippe Bouvard, ils étaient rassurés.

Lorsque nous sommes revenus le lendemain, le propriétaire nous refusa l'entrée. Mais j'avais mon sujet. Il fallut le monter, réduire nos deux heures de tournage à dix minutes. Et le présenter au chef.

Bouvard ne fait jamais de compliments. Il a raison, sans doute, puisque c'est son caractère, d'une part, et qu'il force son entourage à la perfection, d'autre part. J'apprenais douloureusement, mais vite. Bouvard savait ce qu'il voulait et ce qu'il ne voulait pas. Il savait immédiatement, à l'écoute d'un projet, ce qui passerait sur l'écran. Il raturait rageusement les fautes.

J'ai pu lire comment, quand il n'était qu'un obscur grouillot à *France-Soir,* il rencontra Pierre Lazareff.

Cela prouve qu'il est obstiné, malin et observateur. Pierre Lazareff est alors rédacteur en chef, et ignore l'existence même de Bouvard. Mais ce dernier remarque que son patron va tous les jours à la même heure aux toilettes et il décide d'en faire autant. Ils se côtoient ainsi, sans rien dire, quelques jours, puis Lazareff demande à Bouvard ce qu'il fait dans le journal. Bouvard répond par ce qu'il veut faire : du journalisme. Et, peu de temps après, il devient journaliste.

A présent, en superprofessionnel, il a de véritables tiroirs dans la tête, qu'il ouvre à différentes heures de la journée, le tiroir *France-Soir,* le tiroir *Figaro,* le tiroir *Paris-Match,* le tiroir Antenne 2, R.T.L., etc. La commode est pleine ! Comment peut-il faire autant de choses dans une même journée ? Seul lui le sait.

Si Philippe Bouvard a rencontré Pierre Lazareff d'une façon aussi ingénieuse et... bouvardienne, moi, j'ai rencontré Bouvard d'une façon plus directe, plus ingénue, plus moi.

C'était au printemps, je venais de décrocher ma licence de sciences économiques et mettais la dernière main à mon mémoire pour l'I.F.P., l'Institut français de presse, sur le thème — ô combien surprenant ! — des animateurs radiophoniques. Je travaille avec une camarade, Christine. Nous décidons que Bouvard sera notre parrain. Pour cela il faut le voir, et nous savons que l'homme est pressé, presque impossible à joindre. Il faudra sans doute attendre des semaines. Je me décide à téléphoner.

Chez moi, je décroche le combiné, et je fais le numéro de *France-Soir,* en demandant très brusquement :

— Je dois voir Philippe Bouvard.

Et j'entends quelqu'un répondre, de l'aii le plus naturel du monde :

— Ce soir, 20 h 40 précises.

C'était donc si facile ! Je comprends alors, en me demandant si j'ai rêvé, que mon mémoire n'est qu'un prétexte. Ce que je veux, c'est approcher un grand nom de l'audiovisuel, du journalisme, des médias.

Je suis à *France-Soir* à l'heure dite, un peu perdu dans cet immeuble où tout le monde s'affaire sans prêter attention à ma personne. Je finis par me faire conduire au bureau de « Monsieur Bouvard ».

— Entrez !

Il est derrière son bureau et ses lunettes, et ne me fait pas l'aumône d'un sourire.

— Vous avez un quart d'heure, pas plus, posez-moi vos questions.

Il se lève pour aller s'asseoir, jambes croisées, sur un divan. Je sens qu'il me scrute.

— Je fais un mémoire pour l'I.F.P. et...

— Oui, oui, allez-y, dit-il d'un ton agacé, comme s'il avait un avion à prendre.

— Combien gagnez-vous par mois ?

— Demandez à mon percepteur. Une autre question ?

— L'adresse de votre percepteur...

Il me regarde interloqué, il sourit. Et il se prête avec humour, ruse, sincérité à ce jeu de la vérité, qui dure non pas le quart d'heure exigé, mais deux heures et demie très intenses.

Avant que je sorte, Bouvard m'arrête. Je me retourne.

— Qu'est-ce que vous voulez faire ?

— Je veux prendre votre place, dis-je, en pointant mon doigt vers lui.

— C'est bien. Venez travailler avec moi. Le 1er septembre, à 14 heures précises, à la Maison de la radio.

Le 1er septembre, cela me laissait du temps, et quel temps ! Un été splendide. J'étais désœuvré, disponible, libre, et je me sentais prêt à conquérir le monde.

Mais tout le monde était en vacances... La banlieue sud où j'habitais alors était un désert, et je traînais, pieds nus, dans la maison de mes parents. L'avenir m'attendait, Bouvard m'attendait et je ne doutais pas qu'il eût besoin de moi.

Je n'avais pas d'autre projet ferme, sinon quelques invitations peu convaincantes. Le téléphone sonna. C'était Béa, ma meilleure amie, que j'avais connue à l'I.F.P., aujourd'hui journaliste à *Marie-Claire*. Elle était en Corse, au-dessus d'Ajaccio, avec Jolibois, un autre de l'I.F.P., qui se cachait derrière un petit bouc maigrichon et des lunettes à monture d'écaille.

— Viens nous rejoindre, tu dois t'anémier dans ta banlieue.

Mon salaire de pion m'avait laissé un peu d'argent. Le lendemain même, je prends l'avion pour l'île de Beauté.

Jolibois et Béa m'attendent à l'aéroport, aussi bronzés que moi je suis blanc. Nous nous embrassons, et je regarde, autour de moi, la Corse, écrasée sous le soleil d'août, silencieuse.

Nous sommes deux copains et une copine, mais sans histoires d'amour entre nous, juste une belle amitié. La chaleur du climat correspond à la nôtre. Notre entente est parfaite, sans nuages. Jolibois nous ramène en deux-chevaux sur les hauteurs d'Ajaccio.

A Coti-Chiavari, il n'y a pas plus de trois maisons. La nôtre, blanche, donne sur la Méditerranée. On peut voir les tours génoises, et la ville, Ajaccio. On flemmarde sur la terrasse, on s'attarde dans la cuisine, on traîne dans la fraîcheur de la maison, meublée de bric et de broc. C'est superbe, le monde entier est à nous. Je dors comme un loir, je fais la sieste, derrière les persiennes, et le soleil zèbre les murs.

Nous passons cinq jours dans cette léthargie, cette douceur. Nous nous satisfaisons de plaisirs très simples — l'eau cristalline, le vin frais, le saucisson d'âne (il faut dire que je suis un maniaque du saucisson, et que s'il en traîne un à ma portée, il ne dure pas longtemps) —, nous passons des heures à parler de la vie, de l'avenir, puis nous partons faire des promenades dans la montagne. Les gens que nous croisons sont chaleureux. Je récupère vraiment d'une année de travail, je me sens à nouveau plein d'énergie.

Au bout de cinq jours, je propose qu'on aille en boîte, à Ajaccio. Pas d'objections de la part de mes deux compères. Un peu d'animation nous fera du bien. Jolibois se met gaillardement au volant de sa deux-chevaux et nous descendons en faisant les fous, en riant, par la petite route sinueuse. A un virage, la voiture quitte la route, Béa crie, c'est l'accident, en pleine nature, contre un arbre innocent.

J'ai été éjecté, mais ça va. Jolibois se sent coupable, il est secoué. C'est Béa, assise à la mauvaise place, qui a été le plus choquée. Il faut arrêter une voiture pour la conduire à l'hôpital le plus proche. Jolibois et moi attendons, sur un banc, dans le couloir qui mène au service des urgences. Nous transpirons, angoissés.

Ce n'est rien. Plus de peur que de mal : quelques hématomes. Il nous reste une voiture bien amochée à faire dépanner. Un voisin s'y prête de bonne grâce. Il remorque la deux-chevaux jusqu'à un garage d'Ajaccio.

Nous restons deux jours chez nous, sans guère sortir, à jouer aux cartes, traïner, dormir. Il fait une chaleur torride.

Le 19, il faut aller chercher la voiture. Nous descendons en stop, récupérons le tas de ferraille miraculé et roulons jusqu'à Porticcio. Une seule hâte : se jeter à l'eau. Nous piquons une tête, tous trois, sans même tester l'eau du bout des pieds. C'est l'extase, le paradis terrestre, ou plutôt marin. Une eau claire qui nous revigore et la plage, multicolore, avec les parasols, les draps de bain, les maillots, et les cheveux des filles, blonds, bruns, roux...

Température au soleil : 40°. Autant dire qu'il fait soif. A peine sortis de l'eau, nous sommes secs et nous nous ruons vers un café en bord de plage, tout endormi, où les consommateurs sirotent leur mauresque dans un silence religieux. Nous nous affalons dans les fauteuils en plastique, moi au milieu, tourné vers la mer.

Je vois une fille qui boit une orangeade, pas loin de nous. Je l'observe attentivement, très attentivement, puis je me tourne vers Béa :

— Tu vois la fille, au maillot de bain bleu, elle sera ma femme, mon épouse.

Béa me prend pour un fou et me donne une claque amicale sur la cuisse. La chaleur me joue sans doute des tours, pense-t-elle. Mais je regarde à nouveau la fille et je me lève, je vais jusqu'à elle. Elle me dévisage de ses grands yeux bleus et je lui dis :

— Je veux que vous deveniez ma femme.

— Ça ne va pas, non ? répond-elle, outragée.

Elle fait la moue, tourne la tête, hausse les épaules.

— On se voit demain ici même à midi, dis-je, sûr de moi, sans attendre de réponse.

Et j'étais sûr de moi, fou de joie. C'était elle, ma femme, bien sûr, celle dont j'avais toujours rêvé, souple, gracieuse, superbe. Elle m'attendait depuis toujours devant une orangeade à un bar de plage, et je ne le savais pas.

Mes amis partagent peu mon enthousiasme, qu'ils jugent excessif, mais amusant. Ils sont même plutôt goguenard de me voir amoureux d'une inconnue au point de vouloir en faire ma femme.

Le lendemain à midi pile, je retourne au même endroit : même plage, même mer et même température. Je cherche des yeux, anxieux, moins sûr de moi, et je la vois. Elle est avec un groupe de jeunes que je ne connais pas, avec lesquels elle joue au ballon. Elle joue mal.

Je me mets en maillot, pas loin du groupe, dans l'axe du regard intéressant, et je me fais remarquer, enfin. Alors je me lève et, au lieu d'aller vers la fille, j'entre dans l'eau. Je décide, têtu, d'y rester jusqu'à ce qu'elle vienne me rejoindre. Je barbote, je nage, j'attends. Elle joue toujours au ballon, et moi, j'ai l'air d'un imbécile, au bout d'une demi-heure, à force de faire la planche.

Mais je tiens le pari. Je me dis qu'elle est obligée de venir, puisqu'elle sera ma femme, et elle vient, en courant légèrement sur le sable. Elle entre dans l'eau et me rejoint, me dépasse, puis revient.

Elle plonge sous l'eau, puis resurgit ruisselante de perles que le soleil fait miroiter. Elle me trouble. Je reste sans voix.

— Je vais sortir de l'eau, dit-elle.

— Attends, on organise une soirée, ce soir, dans la maison de mes amis. Viens. J'aimerais beaucoup que tu viennes.

Elle hésite.

— Tu sais, je suis là pour me reposer, avec ma

sœur et mon beau-frère. Je ne tiens pas à ce qu'on m'embête, je viens tout juste d'arriver.

— Personne ne t'embêtera, je te le promets. Je passe te chercher ce soir.

Et le soir, je redescends chercher Anouk pour l'amener à Coti-Chiavari. Je suis ému qu'elle soit dans cette deux-chevaux, avec moi. Elle est belle, à peine maquillée. Elle regarde le paysage et parfois se tourne vers la mer, ou vers moi, pour me poser des questions après se les être posées : C'est loin ? et : Ils sont comment tes amis ? Je suis sûre que je vais les déranger, etc. Je la rassure comme je peux. J'approche ma main de son visage, elle l'en écarte doucement, pour se tourner vers la fenêtre.

Nous avons dîné sur la terrasse, en parlant de tout et de rien. Je ne me souviens pas de ce qui s'est dit, sinon que j'ai très peu parlé, contrairement à mon habitude. Je regardais Anouk, qui se détendait, et parfois je la faisais rire. Le soleil se couchait sur la mer, derrière les arbres et les rochers. C'était le 20 août, et je dînais avec ma femme, rencontrée la veille.

Quand il a fait nuit noire, nous sommes partis danser en boîte, en couples. Je trouvais que les slows n'étaient pas assez longs. J'avais envie de sortir de la salle, de quitter la foule. J'ai pris Anouk par la main, et, sur le trottoir désert, je lui ai dit que je voulais vivre avec elle.

— Je veux dormir avec toi, je veux vivre avec toi, viens avec moi dans la maison.

Elle n'a rien dit, mais elle est venue, et nous avons passé la nuit ensemble.

Le lendemain, alors que nous nous promenions, main dans la main, elle a compris que j'étais soucieux. Elle a craint de m'avoir froissé.

— Qu'as-tu ?

— Je dois rentrer à Paris demain.

— Demain ? Déjà ? Pourquoi demain ?

— Je dois travailler. Avec Philippe Bouvard. C'est la chance de ma vie.

Elle a serré ma main très fort, et ses yeux brillaient d'un éclat sans joie.

— Nous ne nous reverrons plus ?

— Si. Je veux que tu deviennes ma femme. Et avant un mois j'irai te chercher chez toi, chez tes parents, pour t'enlever. Nous vivrons à Paris. N'importe où, dans une chambre. Moi, je serai journaliste à la télé, et toi, tu suivras des cours de théâtre, puisque c'est ce que tu veux faire. C'est mieux, Paris, pour le théâtre. Embrasse-moi.

Un mois plus tard, nous vivions effectivement à Paris, rue de Vaugirard, dans un studio peu reluisant. Elle suivait des cours de théâtre et je travaillais à la télé, avec Philippe Bouvard, qui me faisait rentrer le métier dans la tête vaille que vaille.

Ma caméra cachée ne s'infiltrait pas que dans les sex-shops. J'avais notamment proposé d'aller filmer la tête des conducteurs qui allaient récupérer leur voiture à la fourrière. Bouvard avait accepté. Je choisis la fourrière de la porte de Pantin, et je pars avec un réalisateur, un éclairagiste et un preneur de son. En fonction des plannings de la S.F.P., ils changent souvent, de semaine en semaine. Ce n'est qu'au fil des mois et des années que l'on connaît ou reconnaît les gens avec lesquels on a déjà travaillé.

Nous cachons notre caméra dans une petite pièce, presque une guérite, située près de la grande grille d'entrée. Deux employés sont là pour remplir les papiers, recevoir le montant de l'amende et aller jusqu'à la voiture, le pas lent, dans leur blouse bleue, pour retirer les fils qui emmaillotent les portières. Ces employés ont l'habitude de voir arriver des gens aux réactions les plus diverses : certains écument de rage et les insultent, d'autres, plus mielleux, cherchent à leur glisser un bakchich pour s'en tirer au mieux, d'autres, enfin, acceptent leur sort bon gré mal gré.

Après le reportage, nous dévoilons nos batteries — quand celles des voitures des interviewés sont vides...

Les réactions sont plutôt bonnes, et tout se passe bien. L'équipe était venue avec une voiture de la S.F.P., une DS commerciale, et moi avec ma deux-chevaux, que j'avais garée porte de Pantin, assez vite, et mal. Tellement mal que, en repartant, je ne retrouve plus ma voiture. Elle avait été conduite à la fourrière à mon insu, et je ne l'avais pas même vue passer... Je suis retourné confus à la fourrière pour la reprendre. Heureusement qu'il n'y avait plus de caméra pour me filmer, ni pour filmer la tête des employés, hilares.

J'avais passé cent jours déjà avec Bouvard. Ni la faculté d'Assas ni l'I.F.P. ne m'avaient habitué à pareil rythme. Il fallait être disponible vingt-quatre heures sur vingt-quatre, et souvent vingt-cinq. C'était une véritable course d'obstacles. Un parcours du combattant. Nous étions tous au garde-à-vous, plus embrigadés que dans l'armée. Bouvard, c'est un univers impitoyable à lui tout seul, mais il est aussi dur avec lui-même qu'avec les autres.

Pourtant, en cette fin d'année, je sentais bien que quelque chose n'allait plus entre lui et moi. Peut-être parce que moi, je n'existais pas pour lui. Lui, c'était « Moi, je ». Le « il », le « tu », et le « vous » encore moins n'avaient aucun sens à ses yeux.

Je cachais de plus en plus mal mon embarras. J'étais en panne de sujets, en queue de peloton, détaché. Je bâillais aux réunions et pensais plus aux fêtes qui approchaient qu'à « 10 de der », que je regardais sans voir, le samedi soir, avec Anouk, sur notre vieux poste en noir et blanc, racheté à un copain. Plus je voyais mon travail, plus je comprenais que je me trompais.

Et Bouvard le comprenait aussi.

Le jour vint, je l'attendais, où il me prit à l'écart. Nous n'étions pas loin du sapin de Noël dressé dans le hall de la Maison de la radio.

— Ça ne va pas du tout.

— Je m'en rends compte. Il y a quelque chose qui ne marche pas.

Il a hoché la tête. Il avait sans doute deviné que si quelque chose ne marchait pas, c'était que, en fait, je ne voulais plus prendre sa place : je voulais trouver la mienne. Ce rôle en coulisses m'oppressait. Je voulais faire de la radio, ou de la télé, mais *ma* radio, ou *ma* télé. Je rêvais toujours — trop pour Bouvard, qui n'est pas un rêveur.

Il m'a souhaité de bonnes fêtes quand même. En me serrant la main, il m'a dit :

— Dommage, vous auriez pu être un bon journaliste.

Je n'en croyais rien. C'était un cadeau de consolation.

Je me suis mis au volant de ma deux-chevaux, garée sur le parking, et j'ai regardé la Maison de la radio, cette espèce de gros camembert. Il commençait à neiger. J'ai mis le moteur en marche, mais rien ne marchait plus. Je n'en voulais pas à Philippe Bouvard, et je lui en veux encore moins aujourd'hui. Il faut être l'homme qu'il faut à la bonne place. Ma place était ailleurs. Mais où ? Et puis, comment allait-on vivre, Anouk et moi ?

J'avais perdu toutes mes illusions. J'avais la gorge nouée derrière mon écharpe de laine. Partout dans Paris il y avait des passants pressés, qui faisaient les vitrines de Noël, à la recherche de cadeaux. Et moi j'avais envie de pleurer. Tout se brouillait. Les essuie-glaces n'y changeraient rien. Ils semblaient dire : « Non, non. »

A Noël, on se sent toujours un petit garçon. J'aurais voulu, ce lundi soir-là, être resté un petit garçon, ou cet adolescent qui s'inventait des rêves et jouait dans sa cave à « faire de la radio », pour rire...

3

Radio-cave

Ma passion pour le métier d'animateur a vu le jour alors que j'avais quinze ans. A cette époque nous habitons à Vitry-sur-Seine, et les filles et l'amour occupent une grande partie de mon esprit. Je suis romantique, dans le privé, et animateur de « boums », en 1964, 1965, 1966. J'aime cela, organiser la fête, danser, faire danser. Je deviens un garçon avec qui les filles aiment sortir, pas un don Juan cynique, mais un flirteur, fleur bleue. Qu'une fille me plaise, et je me traîne à ses genoux, et pour qu'elle me plaise, il faut qu'elle soit belle, qu'elle fasse envie, qu'elle ait de la présence et de la prestance.

J'ai la parole facile, le contact aisé, je papillonne et deviens le copain de tout le monde. Je me sens chez moi dans la rue, au C.E.G., dans les soirées que l'on me demande d'organiser. Je m'amuse énormément, et je comprends qu'il faut continuer dans cette voie : avoir un métier où l'on s'amuse en permanence, un métier gai et libre.

Cette gaieté, cette liberté, je les retrouve en écoutant la radio avec mes parents, le matin, ou dans ma chambre, le soir. J'aime les plaisanteries de Maurice Biraud, la décontraction de Gérard Klein, la chaleur de

Gérard Sire. Si la télévision a un côté magique, la radio est familière. Je déplace le poste à transistor de pièce en pièce, je le fais hurler, et ma mère me dit de l'éteindre, mais je ne peux plus m'en passer. Je suis véritablement contaminé. J'écoute les voix, je leur donne des notes. J'imagine un studio, je l'imagine immense, avec un public, et des néons, des vedettes qui passent, un va-et-vient permanent.

Je demande à mes copains s'ils ont entendu sur Europe le dernier tube de Johnny ou l'interview de Frank Alamo. Je leur dis que, « juré, craché », je connais des tas de gens qui travaillent à la radio, et je cite en vrac Claude Chebel, Hubert, Pierre Vigne... Je tapisse ma chambre de posters d'animateurs alors que mes copains préfèrent les chanteurs. J'ai l'oreille collée au poste, et je comprends que j'ai envie de faire ce métier, de parler, de rire, de séduire, de communiquer avec la France entière.

J'en parle timidement à mes parents.

— Réfléchis bien, me dit mon père, sans sourciller.

— J'ai réfléchi, répondis-je du tac au tac, j'ai bien réfléchi. Pourquoi pas moi ? Ce ne doit pas être si dur, il suffit d'apprendre, il y a peut-être des écoles, des méthodes.

— Réfléchis quand même. Ne t'emballe pas. Rien n'est facile, dans la vie.

Il répète sa phrase en replongeant le nez dans son journal. Il prend ma décision pour un caprice. Il est assis à la table de la salle à manger. Ma mère est entrée en demandant ce que veut dire cette remarque.

— Il veut faire de la radio, c'est sa nouvelle lubie, a expliqué mon père.

— De la radio ? Mais comment, de la radio ? Il a un transistor sur l'oreille toute la journée, ça ne lui suffit pas ?

— De la radio, m'man, animer des émissions, comme Maurice Favières, qu'on écoute le matin... tous ensemble.

— Garde un peu les pieds sur terre, Patrick. J'ai l'impression que ce sont tes copains et tes copines qui te montent la tête. Pense plutôt à terminer tes études et à avoir un vrai métier qui ne te vaudra pas d'embêtements.

— Vous verrez, un jour, je travaillerai à la radio. Je sais ce que je dis et ce que je veux.

On ne pouvait pas couper mon élan. Quand le générique final de la dramatique du soir est passé sur l'écran, j'ai récité les noms qui défilaient, en prenant des intonations de présentateur.

C'était un bon exercice, réciter les génériques, pour m'entraîner à parler de plus en plus vite sans bafouiller. C'était mes cours du soir, en quelque sorte, une discipline, une prière, qui bassinait toute ma famille. Pour moi, j'y voyais également une façon d'entrer dans le monde des adultes, de la magie : le monde de la radio et de la télévision.

Cette année-là, lors de la soirée du Grand Prix Eurovision, je me suis d'abord enfermé dans la salle de bains, et, j'ignore encore comment l'idée m'en est venue, je me suis mis de la brillantine sur les dents. Le sourire était presque parfait, le goût était bizarre. Ensuite, j'ai enfilé une chemise blanche appartenant à mon frère, un nœud papillon, et, quand le générique a retenti, je me suis planté à côté du téléviseur pour présenter les chanteurs. Ma famille m'a pris pour un fou. Moi, j'étais aux anges, heureux comme un roi.

En septembre 1966, j'entre en seconde, au lycée Jean-Macé de Vitry, établissement mixte.

J'y rencontre Monique, la plus belle fille du lycée, évidemment, avec des yeux bruns, une bouche bien dessinée, très femme déjà dans sa voix, ses manières. Je découvre la passion. J'écris des paroles de chanson pour elle : *Tu n'as fait qu'un voyage / et tu es devenue / celle qui n'a plus d'âge / mais que j'ai toujours connue / toi, mon miracle d'amour / plus qu'une grande symphonie / un chant de tous les jours.*

Le père de Monique travaille à la S.N.C.F., et sa mère reste au foyer, dans un petit immeuble, rue Pasteur, derrière la gare de triage.

Avec Monique, j'échafaude des projets, main dans la main, quand on se promène le long des terrains vagues, des palissades, qu'on flirte contre des ailes de voiture. Je l'attends à la sortie du lycée, ou c'est elle qui m'attend, et nous rentrons sans voir personne. C'est tous les jours du ciel bleu, même si à proximité de chez elle il faut se méfier. Peine perdue.

Un soir sa mère nous guette de son troisième étage, derrière ses rideaux de vichy bleu. Nous la voyons et j'embrasse Monique, en toute hypocrisie, sur les deux joues, comme un bon copain innocent. La fenêtre s'ouvre.

— Montez, jeune homme, juste deux minutes.

Je me retourne. C'est bien à moi que l'on parle. Je m'exécute.

— Jeune homme, je vous trouve bien entreprenant ! Je voulais juste vous dire ça. Et toi, rentre !

Sa mère ramène Monique au sein de la demeure familiale. Je reste comme un benêt sur le paillasson, puis rentre chez moi.

Le soir, dans mon lit, je me répète avec un grand sourire : « Je suis entreprenant... Je suis entreprenant... Je suis entreprenant. »

Je retourne dès le lendemain chez Monique pour lui dire ce que je pense du compliment, et, comme tous les jours, je longe la gare, puis le C.E.T. Pierre-Sémard. Il fait beau. J'aime Monique. Je suis heureux, et me sens assez malicieux au fond de mon cœur.

Je passe devant un camion des transports Giraud, un camion bleu qui transporte du vin ; comme le soleil est de la partie, les vitres sont ouvertes, et le chauffeur a laissé la radio allumée. Elle hurle, cette radio, elle chante dans mes oreilles. Et j'ai la grande révélation. Je suis *entreprenant* et je veux faire de la radio : il faut que je rencontre Maurice Favières, lui que j'écoute tous les matins sur R.T.L. avec mes parents.

Je vais voir Monique en courant, sa mère m'ouvre.

— C'est vous, dit-elle, peu amène.

— Oui, merci pour tout. Je vais faire de la radio. Monique est là ?

Monique pointe son nez, un peu étonnée de mon intrusion matinale.

— Monique, je vais voir Favières, à R.T.L., Maurice Favières lui-même !

— C'est formidable, ça ! Et comment tu vas faire ?

— Ça, c'est une autre histoire, mais je saurai me montrer entreprenant...

Je jette un petit sourire à sa mère, qui hoche la tête et finit par me proposer un café, encore que je sois bien assez énervé comme ça.

Et je me retrouve chez moi, dans la lumière de ma chambre, à me demander comment faire. Alors je prends une feuille de papier arrachée à un cahier, et j'écris à Maurice Favières.

J'affranchis, je poste... et j'attends. Pas de réponse. Tous les matins, des factures, des lettres, mais rien de R.T.L. Je décide d'employer les grands moyens. Je demande à ma mère de me réveiller en même temps que mon père, c'est-à-dire à 4 heures du matin. Et, le lendemain, je prends le train en direction de la gare d'Orsay. Je suis en culotte courte, j'ai quinze ans,

Monique m'aime et j'ai quand même un peu peur, en franchissant la passerelle des Tuileries. Mais je suis à Paris, et la Seine puis le Grand Palais me semblent amicaux, complices. J'arrive aux portes de R.T.L., l'antre de la magie est en cours de rénovation... On ne fait pas attention à un gamin en culotte courte et je me glisse facilement à l'intérieur. A 6 h 30 précises je suis derrière la vitre du studio et je vois Maurice Favières. Il me regarde, se penche et me demande ce que je fais là.

— Je m'appelle Patrick Sabatier, j'habite Vitry-sur-Seine, et je veux faire de la radio..., dis-je à toute vitesse.

Il sourit, hausse légèrement les sourcils, puis me dit d'ouvrir les yeux et surtout les oreilles.

— Tu verras comment ça se passe.

Je ne respire plus. L'émission commence. Et je rêve... Un rêve éveillé dont je ne perds rien. Je suis à R.T.L. !

Des gens s'agitent autour de moi. Des visiteurs se pressent derrière la vitre du studio. Je suis au spectacle. Je peux voir ce qu'on dit, toucher la qualité du son. Je suis émerveillé.

Après l'émission, Maurice Favières me demande ce que j'ai pensé, ce que j'ai retenu. Je ne peux que répéter ce que je veux faire : être là, dans le studio — et non en visiteur —, et travailler, parler à des auditeurs, des gens qui vont partir pour leur travail, ou qui en reviennent, comme mes parents, qui l'écoutent, lui, l'animateur vedette, le matin. Je ne dis pas que j'écoute plutôt « Salut les copains », mais que si j'ai voulu le rencontrer lui, Favières, c'est parce que sa voix me rassurait.

— Commence déjà par apprendre, me conseille-t-il, et, si tu veux, passe nous voir de temps en temps.

Je n'en crois pas mes oreilles. C'était donc aussi simple. Il suffisait de frapper à la bonne porte. Maurice Favières vient de décider d'une amitié qui n'a jamais connu de failles. Je me mets aussitôt à l'ouvrage, c'est-à-dire que j'écoute ses émissions attentivement, et qu'au moins deux fois par semaine je me lève tôt pour aller à R.T.L. le voir, l'entendre sur place et écouter ses conseils hors antenne.

Plus tard, en travaillant pendant les vacances, j'achèterai du matériel. C'est alors que je ferai ma radio locale, extrêmement locale et individuelle, dans le sous-sol de notre maison. Favières me donnera des pubs et me demandera de les enregistrer, et aussi d'annoncer des chansons. Avant le lycée, je m'enferme dans la cave, entre la chaudière à charbon et le tas de petits boulets, sur un tréteau qui sert d'établi à mon père, et j'installe mon électrophone Teppaz et mon magnéto Grundig à côté des rabots et des tournevis. Je fais pendre le micro à un clou, pour faire plus vrai, et, dans la lumière diffusée par le soupirail, je m'applique à faire comme les pros. Lorsque je montrerai mes bandes à Favières, il m'encouragera et me conseillera : « Parle moins vite, ne dis pas *dynamizzme* », et il me raccompagnera parfois jusqu'à Austerlitz dans sa Taunus grise.

Dans le train de banlieue, à 10 heures du matin, les gens, les usagers sont lugubres, les banquettes sont sales, le sol est jonché de mégots, mais moi, je suis heureux, les yeux pleins de rêves.

L'avenir est ouvert. J'ai mes entrées à la radio et mes sorties avec Monique. Je me sens plutôt guilleret. D'ailleurs, j'ai mis un T-shirt bleu ciel, et mon fidèle Solex me fait l'effet d'un engin de haute compétition. Je l'enfourche, en direction du Tic-Tac.

Je me gare, je mets le Solex sur sa béquille et j'entre, sans pousser la porte, qui est ouverte. Soudain, je m'arrête, médusé. Le patron, un Marseillais jovial, me parle, mais je ne l'entends pas. Je ne vois que Monique en train d'embrasser Jean-Yves, un copain. Ils sont là, sur une banquette devant moi, qui n'existe plus. Tout s'effondre : l'amour, le lycée, la radio. Je reste les bras ballants, à les regarder, et eux aussi me regardent, à présent. Je voudrais crier ou simplement dire quelque chose, les gifler, prouver que je suis là et me réveiller du cauchemar. Mais je ne peux rien dire, la peine est trop forte.

Monique, mon grand amour, avec Jean-Yves, qui n'a qu'un vieux Solex bousillé, des cheveux mi-longs mal lavés, des Clarks qui bâillent aux chevilles, et une vague barbiche au menton.

Je tourne les talons, et dans la rue j'ai envie de tout casser. Je fais tomber mon Solex, et le carburant se répand dans le caniveau. Je suis déçu, amer, hargneux, révolté. Je m'en veux d'avoir été tellement aveugle, idiot, naïf. Je ne me retourne pas, je relève mon Solex et je rentre chez moi, en pédalant pour aller plus vite, les yeux un peu brouillés par les larmes.

Je m'enferme dans la cave, mon studio de radio, et je fais la plus belle et la plus triste des émissions du monde. Je cherche les disques préférés de Monique, des slows qui parlent d'amour déçu, et j'invente des répliques cruelles, des onomatopées haineuses, et, la voix cassée, je parle dans le micro de mon magnéto. J'évoque les grandes amours malheureuses romantiques et la mer, qui efface sur le sable les pas des amants désunis.

A la fin de mon « émission », je soupire un grand coup, je respire, et… je vais bien, tout au moins, je vais mieux. Je prends du recul sur ma chaise, je croise les bras, et je me donne des coups de poing sur le crâne, en riant.

Je remonte du sous-sol et je me cale dans le vieux fauteuil du salon, dont les ressorts sont à bout de souffle.

Il m'est sympathique, ce fauteuil, il date du boulevard de l'Hôpital, et de plus loin encore. Je tourne dans la pièce, comme un animal pris au piège. En regardant par la fenêtre, vers l'avenue Emile-Zola, derrière les grilles du jardin, je vois passer Monique et Jean-Yves, comme deux amoureux, et ce n'est pas moi qui suis avec Monique. Quand ils dépassent le portail de ma maison, Monique jette un petit coup d'œil en biais, et je la regarde, froidement, immobile. Sa tête pivote au fur et à mesure qu'elle continue son chemin. Jean-Yves tient son vieux Solex par le guidon. Ils s'en vont. Je prendrai ma revanche, je le sais.

Le lendemain, à la sortie du lycée, je vois Monique, avec Laurence et Caro, deux copines. Je tiens mon classeur par la lanière qui l'entoure, je le balance au bout de mon bras. Je vais vers les trois filles, je leur fais la bise rituelle et leur parle du Viêt-nam, qui semble me préoccuper. Je leur parle de choses très graves qui se passent dans le monde. Et je les laisse à leurs futilités.

Trois jours plus tard, je suis au Tic-Tac, comme presque tous les après-midi, après les cours. Je joue au flipper en malmenant l'engin sur ses quatre pieds branlants. Je sais que Jean-Yves est assis, seul, en train de lire des poèmes de Guillaume Apollinaire, *Alcool* en buvant un Coka-rondelle. Je gagne deux parties gratuites, et je me retourne vers Jean-Yves pour lui proposer de jouer. Il lève les yeux de son livre, hésite puis se lève. Il s'avance lentement vers moi. Sur sa veste de treillis achetée dans un surplus américain, il a tracé au feutre l'insigne des pacifistes.

Nous jouons au billard électrique sans beaucoup parler. Puis nous nous asseyons. Deux heures plus tard, nous n'avons toujours pas parlé de Monique mais sommes les meilleurs amis du monde.

4

Premier direct

Au début de l'année 1976, j'ai rangé dans le même placard mes cadeaux et mes rêves. Le père Noël qui aurait pu s'appeler Bouvard a pris les traits du père Fouettard.

Souvent, après les fêtes, le pays s'endort, repu, et retrouve une certaine grisaille. Chacun retourne à ses occupations. Quelles étaient les miennes ? Rien. Aucune. Durant quelques jours un vertige m'a saisi, celui du néant. J'ai eu peur de passer ma vie à m'ennuyer, à être un autre que moi, un étranger dans ma maison, ma radio. Je régresse, et je me souviens... « Salut les Copains »... Pour moi, soudain, c'est très clair. Je suis jeune et j'en veux. Il faut frapper à la porte d'Europe n° 1. Même si je n'étais pas un inconnu à R.T.L., je n'y avais rien fait, sinon voir Maurice Favières, écouter ses conseils, et lui rendre en retour des maquettes médiocres — ces mini-émissions qu'il m'avait conseillé de préparer, pour m'entraîner et faire semblant, en présentant des disques, des publicités. Mes maquettes étaient toujours restées sur un coin de table, tombées dans l'oreille d'un sourd, ou, pis, on les avait jugées nulles.

Je n'intéressais personne, pas R.T.L., pas Bouvard. Il fallait aller voir ailleurs. Pas question de prendre une autre voie, comme poursuivre les études ou rempiler dans l'armée. Il fallait être animateur. Je savais que je ne pourrais vivre sans l'être, c'était mon oxygène qui allait sortir du micro. Il fallait forcer la chance.

Je me décide à entrer rue François-Ier, à frapper à une porte, et à rencontrer Michel Brier, responsable des variétés sur Europe 1. Il ne sait rien de moi, mais j'ai assez d'enthousiasme pour le faire partager. Depuis dix ans je fais de la radio dans ma tête, dans ma cave, dans ma voiture... mais je ne le lui dis pas. Je dis juste que je suis prêt à travailler, disponible, et compétent.

Les gens disponibles et compétents ne manquent pas sur le marché du travail radiophonique. Michel Brier ne me le cache pas.

— Il y a peu de possibilités...

C'est toujours ce qu'on dit. Depuis l'arrivée des radios libres, le champ d'action s'est élargi, et tant mieux. Mais à l'époque, c'était difficile.

Comme je n'en peux plus, j'insiste. Il doit bien exister une petite chance, l'ombre d'une chance, un soupçon...

— Peut-être, dit soudain Michel Brier, allons-nous créer pour le samedi après-midi une nouvelle émission de variétés, une heure et demie de chansons, un super hit-parade qui enchaînera sur celui que Jean-Loup Laffont fait pendant la semaine.

Je le regarde, bouche bée.

— Eh bien, me dit-il, l'idée vous plaît ? Vous vous y connaissez, en chansons ?

J'ai hoché la tête, affirmatif. Et j'ai pris rendez-vous pour faire un essai. Concluant. J'étais confiant, sûr de moi. Mais, l'instant d'après, sur le trottoir, sachant que j'allais parler dans un vrai micro en vrai direct pour des milliers d'auditeurs, je suis devenu beaucoup plus inquiet. J'avais déjà le trac, en rentrant chez moi.

Le 6 janvier 1976, jour de la galette des rois, je n'ai pas faim. J'ai l'estomac noué.

Je tourne en rond le matin chez nous, dans la pièce unique. C'est pis qu'un matin d'examen. Mon petit studio me semble oppressant, j'ai trop chaud, j'ouvre les fenêtres, j'ai trop froid. Le papier peint mural aurait besoin d'être changé. Qu'est-ce qu'un type qui vit dans un taudis pareil peut bien raconter sur les ondes ? Puis j'écoute la radio et je me dis que ce n'est pas si compliqué. Puis, que je n'y arriverai jamais. Je ne saurais pas quoi dire. Je bafouillerai, je serai aphone en entrant dans la cabine. Je ne veux plus y aller. Anouk me réconforte, me supporte, me porte à bout de bras. Je reprends un peu confiance, mais j'ai les jambes en coton.

Je pars de chez moi à 14 heures, pour prendre l'antenne à 17 h 30. Je m'arrête dans un café pour boire du lait chaud au miel, qui donne la voix suave des grands professionnels. Le lait chaud passe mal, le miel m'écœure, je me sens malade. Je téléphone à Anouk pour lui dire que je n'y vais pas. Elle me sermonne, puis m'encourage. Bon, j'y vais.

J'arrive dans les locaux de la rue François-Ier. Il est visible à tous que je ne suis pas dans mon assiette. Viviane, la belle et sympathique animatrice, termine son émission en riant, elle s'amuse au micro. J'entre timidement dans le studio, comme si je m'étais trompé de porte, et elle me taquine, me rassure.

A 17 h 30, elle me présente à l'antenne et je reste seul avec mes micros. Pendant les dix premières minutes, c'est l'horreur. Je dis des inepties. Je me trompe. Je me sens pris dans un piège tendu par moi-même.

Entre en cabine Michèle Abraham, animatrice de choc, influente. Elle me demande :

— C'est vous que j'entends depuis tout à l'heure ?

— Oui, c'est moi...

— De quel signe êtes-vous ?

— Scorpion, ascendant Balance...

— Ça ne m'étonne pas. Vous ne réussirez jamais.

Et elle sort. Merci.

Je me sens vraiment très mal. Très, très mal. J'ai l'impression que l'on essaie de m'enfoncer la tête sous l'eau. Heureusement que j'ai du souffle. Je le retrouve et je reprends l'antenne, avec la rage au ventre. Je termine mieux que je n'ai commencé.

A 19 heures on m'entoure, et on me dit que ce n'était pas si mal, pour un début. Je fais part à Brier de la remarque acide de Michèle Abraham.

— Elle dit n'importe quoi, laisse-t-il tomber, pour ne pas insister.

J'ai mal quand même.

Et quand neuf ans plus tard, lors d'un cocktail, je revois Michèle Abraham, plus aimable et moins catégorique, nous échangeons quelques mots polis. Je lui dis que je lui pardonne, mais que nous ne serons jamais amis, parce que ce jour-là elle m'a fait beaucoup de mal, gratuitement.

C'est l'hiver. Il n'en finit pas. J'ai l'impression de vivoter. A Europe je me sens mal à l'aise, pas chez moi. Je n'y connais personne, bonjour, bonsoir, c'est tout. Je ne fais que passer, mais je passe quand même à l'antenne, et c'est déjà ça, mais si ce n'est que ça, c'est bien dommage. J'avais rêvé d'autre chose.

Je me retrouve perdu comme je l'étais à la fac, sans amis, avec pour seul réconfort le plaisir d'apprendre mon travail, de m'améliorer. Sinon, Europe, pour moi, c'est l'hiver, le froid dedans comme dehors.

Seul, ou presque, Hubert me parle. Hubert, je

l'admire depuis le lycée, quand il présentait « Dans le vent ». C'est un marrant, sans complexes.

J'étais avec lui dans son bureau, quand arrive une secrétaire, plutôt mignonne, et à l'étroit dans un jean moulant.

— Tu veux coucher avec moi ? demande Hubert.

— Ça va pas, non ? répond-elle.

— Allez, je te donnerai 200 francs.

— Pas question.

— 2000.

— J'ai dit non.

— 20000.

— 20000 ? Faut voir..., dit-elle songeuse.

— Tu vois, Patrick, me dit Hubert, c'est pas les filles qui manquent, c'est le fric.

Il disait cela pour rire, mais c'était tout Hubert.

A Europe, à part Hubert, je me sentais comme l'homme invisible, et j'avais hâte de rentrer chez moi.

Presque tous les jours, après le journal de 19 heures, entrait Goliath. C'était un grand type, étudiant et animateur décontracté, cheveux très longs, soixante-huitard. Il avait toujours une bouteille de whisky dans sa poche de parka. Il me proposait chaque fois une goutte de whisky, que je refusais, n'ayant jamais bu d'alcool de ma vie. Une seule fois j'ai craqué.

C'était trois mois après la remarque d'Hubert quand Michel Brier me dit :

— Tu sais, on a beaucoup écouté ce que tu as fait pendant tous ces samedis, et on a pensé, la direction, moi, que tu as des qualités, mais encore beaucoup à apprendre, alors on ne peut pas te garder, et on va d'ailleurs supprimer l'émission.

J'étais effondré. Quatre mois plus tôt, Bouvard décrétait que je n'étais pas l'homme de la situation, et, à présent, je me retrouvais dans le même rôle, nul.

J'étais sans doute nul. J'y croyais, mais j'étais le seul à y croire.

Arrive Goliath qui me propose une goutte de whisky. Cette fois, je veux bien. J'avale une grande rasade. La vie n'est pas si triste. En sortant, je me sens beaucoup plus gai que je ne l'aurais été sans la potion magique. Mais depuis, même quand j'ai des coups de cafard, j'évite d'avoir recours au whisky... cela me rappelle un trop mauvais souvenir.

En avril 1976 je ne suis plus à Europe. Sans salaire, vivant avec Anouk, rue de Vaugirard, j'ai du mal à faire bouillir la marmite. Je ne vois rien venir, et le temps passe, printemps maussade. Nos économies nous permettent de tenir jusqu'en juin. Mais après ? Il faut y penser maintenant. Alors, dès avril, je retourne à la télévision poser ma candidature. Et, miracle, j'obtiens un rendez-vous avec Eliane Victor.

Elle est responsable de tous les après-midi sur TF1. Evidemment, je ne pense pas aux soirées, consacrées aux gens qui ont de l'expérience. Les après-midi, pourquoi pas ? En plus, je n'avais pas un grand moral après deux expériences successives qui s'étaient achevées par cette remarque, courtoise mais tranchante : « Mon p'tit gars, allez voir ailleurs si j'y suis. »

Je vais frapper à la porte d'Eliane Victor, une grande dame de la télévision pour avoir collaboré à des émissions comme « Cinq Colonnes à la Une », avant d'avoir été rédactrice du journal *Elle* et de travailler dans le groupe Hachette.

Je la vois, elle a une cinquantaine d'années. Je lui fais part timidement de ma maigre expérience. Elle me reçoit aimablement, gentiment, et ne rejette pas toute possibilité, dans le cadre d'une émission de l'après-midi, d'avoir besoin d'un animateur. Auquel cas je devrais passer un essai. On m'appellera...

Et on m'appelle, au moment où je n'y croyais plus. Christophe Izard produisait alors une émission qui s'appelait « Les Visiteurs du mercredi », présentée par Dorothée. Il cherchait un animateur pour la remplacer. Cette émission était longue et s'adressait à des enfants entre quatre et quinze ans.

Christophe Izard a toujours eu un don extraordinaire en ce qui concerne la programmation d'émissions pour enfants. Ce n'est pas un travail facile. Il faut concevoir une multitude de programmes courts, efficaces, intéressants, éducatifs, et il a toujours su inventer, de « Casimir » au « Village dans les nuages », de nouveaux programmes.

Il fallait présenter des dessins animés comme *Woody Woodpecker,* des feuilletons comme *Zorro,* des invités qui parlaient d'animaux, etc. Il y avait aussi des chanteurs, comme Sheila, Eddy Mitchell, Annie Cordy.

Je me rends rue Cognacq-Jay, un nom qui m'a fait rêver des années, pour rencontrer Christophe Izard. Visiblement, c'est un pro, qui cache pas mal d'idées sous son crâne dégarni. Il m'explique le fonctionnement des caméras, il faut regarder celle dont le voyant rouge est allumé. Il veut me faire passer un test et me demande de parler des Indiens. Pourquoi les Indiens ? Je ne saurai jamais, mais j'avais joué aux Indiens et aux cow-boys quand j'étais petit, et depuis, comme tout le monde, j'avais vu pas mal de westerns. Je découvre les cadreurs, les projecteurs, le plateau.

Je parle du Far West pendant dix minutes, à croire que j'y avais toujours vécu et que Cochise et Geronimo étaient mes plus proches parents. J'essaie de surveiller les mouvements de caméra pour ne pas perdre l'objectif. Il ne faut jamais rater l'objectif. Ou la cible, comme diraient les Indiens.

Sitôt fini, je monte en régie. On me dit qu'on m'écrira. Je rentre chez moi et je guette le facteur. Sans trop y croire. Nous étions quarante, pour ce bout d'essai, dont des gens déjà connus.

Quelques jours plus tard, je reçois un coup de téléphone de l'assistante de Christophe Izard, qui me convoque au studio 3, rue Cognacq-Jay. Un studio, ce n'est pas grand-chose : juste une trentaine de projecteurs au plafond, quatre caméras, et un décor, construit puis « cassé », c'est-à-dire démonté, à la fin de l'émission, pour laisser place au suivant.

Dès qu'une émission se termine apparaissent les machinistes, les techniciens, les électriciens, qui démontent et remontent un décor.

Quand on fait une émission, les premiers à venir sont le décorateur et ses assistants ; ensuite le directeur de la photo et les éclairagistes, puis le réalisateur et ses cameramen. Les présentateurs arrivent toujours en fin de course.

Je me rends au rendez-vous fixé par Christophe Izard, dans les bureaux de TF1 de la tour Maine-Montparnasse, et je l'entends me dire :

— J'ai vu votre essai, vous avez encore beaucoup de progrès à faire, mais je suis prêt à vous donner votre chance.

Et dès le mois de juin 1976, j'étais engagé pour présenter la seconde partie des « Visiteurs du mercredi », consacrée aux adolescents, la première partie étant animée par Soizic Corne.

C'était la joie, l'enthousiasme.

En juin, Anouk et moi empruntons un peu aux copains, aux parents, et nous passons vraiment nos premières vacances ensemble, dans la famille d'Anouk, à Carpentras. Nous avons un moral d'acier, et la canicule qu'il fit cet été-là renforça notre passion.

L'équipe se réunit trois semaines avant la première émission, c'est le 15 août, et, même si je ne suis que présentateur débutant, je suis là.

Il y a un an, j'étais un simple collaborateur. Cette fois, j'ai déjà une petite promotion, puisque je vais passer devant les caméras.

Christophe Izard, pendant cette période de préparation, m'explique qu'il faut toujours être clair, et justifier ce que l'on fait.

— Patrick, me dit-il, même si tu parles d'un président de la République, ne dis pas seulement son nom, annonce aussi sa qualité. Ne dis pas « Valéry Giscard d'Estaing », mais « Valéry Giscard d'Estaing, le président de la République ». Mets-toi à la portée du téléspectateur, et encore plus pour cette émission, où tu dois parler à des enfants.

Les enfants sont un public difficile, parce qu'ils sont instables, chahuteurs ; ils ne restent pas assis devant l'écran, mais vont chercher des bonbons, vont aux toilettes, reviennent, et pour qu'ils ne perdent pas le fil de l'émission, il faut à chaque intervention raconter ce qui va se passer, rappeler l'épisode de la semaine précédente, toujours parler clairement. Un présentateur n'est pas là pour raconter sa vie, mais pour maintenir sans cesse l'intérêt, revenir sur la carrière d'un invité, ses projets.

J'ai également appris, lors de cette préparation, à faire des bancs-titres. Il ne s'agissait plus de filmer pendant une heure, pour faire ensuite un montage et garder dix minutes utiles à l'écran, mais de prendre des éléments inanimés, tels une image, un livre, une photo, un objet, et les filmer avec une caméra à la verticale, pour ne faire qu'un cliché. On obtient ainsi, par une suite de clichés, un film logique et animé.

Sur un banc-titre, on enregistre un commentaire que l'on peut préparer à l'avance. C'est une des techniques du métier, tout un métier que je découvrais, patient, et impatient de passer à l'antenne.

Début septembre, je suis fin prêt, et me voici en scène dans « Les Visiteurs du mercredi ». J'ai beaucoup moins peur qu'à mon premier passage à la radio, malgré la caméra, qui est un objet bizarre devant vous. Mais il y a l'équipe, qui est un premier public réconfortant, et j'ai confiance.

Je me sens libéré, sûr de moi, et le fait d'avoir presque commencé ce métier de présentateur par la télévision m'a beaucoup appris pour travailler ensuite à la radio, dans la façon de parler, d'agir, de réagir vis-à-vis d'une caméra, d'un invité. Quand on invite quelqu'un, c'est lui qui doit parler, pas vous ; vous, ce n'est pas intéressant, mais vous devez savoir poser les questions précises auxquelles il répondra par autre chose que par oui ou par non. On ne lui dit pas non plus « Bonjour, ça va, pas mal et toi ? » parce qu'on n'est pas des copains, et que ce qui est familier dans la vie paraît vulgaire à l'antenne. J'ai pris l'habitude également de toujours remercier mon invité de sa présence, de lui en demander la raison précise et de le laisser répondre aussi longtemps et aussi librement que possible.

Le jeudi matin, nous nous réunissons autour de Christophe Izard pour préparer l'émission du mercredi suivant. Christophe apportait des croissants, et, autour d'un solide petit déjeuner, nous pouvions travailler dans une bonne humeur générale, qui était aussi le ton même de l'émission. Le reste de la semaine, je préparais mes textes, et je faisais aussi beaucoup de sport, du tennis, ou du ski, quand Anouk et moi pouvions partir. Nous n'avions pas beaucoup d'argent, mais nous vivions bien. Ce fut une année très agréable, pendant laquelle je n'ai fait que de la télévision. La seule fois en dix ans.

Un jour, entre deux émissions, je vais chez le coiffeur, un mercredi matin. J'avais les cheveux un peu longs, et j'étais distrait, sans doute. « Coupez-moi les cheveux... » Et l'artiste de la tondeuse me fait une coupe de para. Bien ras derrière et court devant. Quand j'arrive dans le studio, Christophe Izard me dévisage, observe mes oreilles, ma nuque, médusé.

— Mais ça va pas, non ?

— Je suis allé chez le coiffeur, c'est ça ?

— Mais les gens ne vont pas te reconnaître !

Et il avait raison. D'une semaine à l'autre, à la télévision, il faut faire attention à son image. Les gens, et surtout les enfants, aiment retrouver identique celui qu'ils ont laissé la veille ou la semaine précédente. Il leur faut des points de repère, et il ne faut pas leur donner l'impression qu'on a changé parce qu'on est allé dans un salon de coiffure...

Peu avant les fêtes, en novembre 1976, Christophe Izard avait décidé de faire une émission au Salon de l'enfance. J'ai pu alors mesurer la force d'impact d'une image qui passe à la télé. Les enfants ont la faculté de vous repérer, de vous reconnaître, beaucoup plus que les adultes. Quand je suis entré dans l'enceinte du Salon, j'étais déjà une petite vedette pour ces gosses. Ils m'appelaient : « Patrick ! Patrick ! » et « Soizic ! » Et nous étions des amis, pour eux, des marionnettes, des personnages de contes de fées qu'ils voyaient soudain en chair et en os. Il y avait un monde fou, du bruit, du remue-ménage, des bousculades, et j'étais content d'être là sans avoir l'impression de faire de la télévision. Je participais à la fête, j'oubliais les caméras. J'ai toujours aimé le contact avec les enfants, leur parler, les écouter, sans qu'il y ait de barrière d'âge entre nous. Ils savent s'émerveiller et croire aux rêves. Mon seul regret était de ne pas pouvoir circuler librement, entre les stands, et jouer avec les gadgets, les nouveautés, et les enfants eux-mêmes.

5

Album de famille

Si j'aime autant les enfants, c'est peut-être parce que mon enfance à moi m'est toujours restée chaude au cœur. Je ne l'oublie pas. Elle me revient sans cesse à l'esprit. Je nous revois, mon père Jules, ma mère Emilienne, mon frère Jacky, et moi, à Paris, 22 boulevard de l'Hôpital. Il n'y avait pas d'ascenseur dans l'immeuble pour nous mener au quatrième étage. La pièce unique était plus encombrée qu'un bric-à-brac et les toilettes étaient sur le palier.

Le métro aérien était moins un ennui qu'une distraction. Il passait, repassait, comme le balancier d'une pendule. Mais Jacky et moi nous préférions les voitures qui se croisaient sur le boulevard, et nous jouions à deviner la marque ou la couleur de la suivante. C'était très important, les voitures, dans la mesure où nous n'en avions pas encore. Je mens : nous en avions une, en bois, avec des roues et deux bras, et dedans des fruits et légumes. Marchand des quatre-saisons, mon père se levait tôt pour pousser la voiture. Il avait presque quarante ans quand je suis né, en 1951, et il portait beau, toujours élégant, cravaté, même sous son tablier en toile de bâche bleue. Parfois, à midi, il rentrait déjeuner à la maison, et d'autres fois, ma mère, mon frère et moi prenions le métro à Campo-Formio pour aller le rejoindre, place d'Italie. Je l'ai toujours connu avec des cheveux gris, à présent ils sont blancs. Il passait le peigne dans ses cheveux, devant la petite glace ronde, et accompagnait le geste d'un mouvement artistique de l'autre main. Il était le deuxième d'une famille de six enfants. Son aîné, Henri, mourut en 1954. Mon père en a toujours gardé le deuil et une rancune tenace contre le cancer.

Le boulevard de l'Hôpital, dans le XIIIe arrondissement, c'est près de la gare d'Austerlitz. On y rêve de départs, de victoires. Je ne rêvais pas, j'étais bien comme ça, dans la chaleur d'une vraie famille. Quatre dans la même pièce, cela n'est pas gênant, pour un gosse.

Je traînais dans les rues, je tapais dans des boîtes de conserve et j'étais chez moi dans mon quartier. Les commerçants me reconnaissaient, quand ils me voyaient passer avec mon gros cartable sur le dos. La boulangère me donnait parfois des chewing-gums Globo ou Malabar, des soldats Mokarex. J'en avais toute une collection. Je jouais avec sur le tapis râpé, sous la table, entre les jambes de mes parents.

Il fallait se laver dans la petite cuisine séparée du reste de la pièce. Je me glissais sous le rideau, encore presque bébé, pour voir ma mère faire sa toilette. C'était un jeu très innocent, d'enfant espiègle.

Elle était belle, ma mère, elle l'est restée. Aussi généreuse dans ses gestes que dans ses paroles. Et soucieuse, anxieuse, perfectionniste. Italienne du Piémont, mais orpheline, Emilienne Rossi a toujours voulu nous donner l'affection qui lui avait manqué. Elle avait vingt-sept ans à ma naissance. J'étais le cadet, le plus turbulent ; la vie n'était qu'un jeu.

Mes parents n'ont pas beaucoup profité de la vie, n'est pas profiteur qui veut. Ils avaient leur morale, qu'ils m'ont transmise : « Sois heureux, fais quelque chose dans la vie, et sois fier. » Si l'on croit qu'aujourd'hui je me fends et pourfends en courbettes dans les couloirs de la maison ronde ou de R.T.L., on se trompe. Le seul « lever du roy » que je connaisse, c'est celui du public, un flash d'infos.

Mon enfance m'a marqué pour toujours. Il me restera toujours cette chaleur, et ce cocon, protecteur, trop peut-être, mais qui a tellement manqué à d'autres.

Mes parents voulaient m'épargner le côté difficile de la vie, manger l'écorce et me donner la pulpe. Ils avaient peur pour mon avenir, peur du monde, sans doute. Il les avait trop souvent blessés pour qu'ils ne le craignent pas. Leur chaleur m'enveloppait comme un manteau : c'était mon plus grand confort et réconfort. Ils nous faisaient confiance, à Jacky et moi-même, tout en nous recommandant la prudence : « Mets ta laine, ne traverse pas hors des clous, n'aborde pas n'importe qui. »

Quand j'étais vraiment petit, ma mère restait chez nous. Je l'accompagnais pour faire les courses. Mon père rentrait tard de la place d'Italie. Tôt le matin, je l'entendais parfois partir aux Halles, celles de Baltard.

Les premiers étés, pas de vacances. C'était simplement la saison des fruits rouges. Rien d'autre. Puis nous partîmes, mon frère, ma mère et moi, pas très loin ni à grands frais, en Normandie, ou dans la Manche, le Pas-de-Calais, des plages, des lieux qui s'appellent Grandville, Briqueville, ou Ault-Onival, près du Tréport. Mon père pouvait nous rejoindre en train et passer avec nous son week-end, qui allait du dimanche midi au lundi soir.

Images floues d'épuisettes, de bouées multicolores, de sucettes et de lunettes de soleil de pacotille. Beaucoup de soleil, dans ces souvenirs. Les plages étaient immenses, et la mer se retirait loin. Elle était froide, sans doute, mais je ne m'en rendais pas compte. J'étais « noir comme un pruneau », disait ma mère. Mon frère Jacky était plus réticent aux bains de mer et de soleil. Il se protégeait par une casquette à visière. Il bâtissait des châteaux de sable, que la mer venait détruire, ou il pêchait les crevettes, dans les trous d'eau. Nous nous battions parfois, rivaux, sans en être conscients, et amis, sans le savoir vraiment. Nous étions essentiels l'un à l'autre. Il était plus sage que moi et me conseillait souvent la modération. Il était mince, presque maigre, avec parfois sur le visage une expression de gravité.

A Paris, quand il travaillait, chez nous, sur un coin de la table, il ne fallait pas le déranger. Dans le canapé-lit où nous dormions, chacun devait tirer la couverture à soi. C'est une chose qui ne m'a pas toujours desservi par la suite. Quand, plus tard, Jacky se mit à apprendre le dessin industriel — le « dess' duss' » —, je tirais les pantalons de mon père pour qu'il s'intéresse à moi. Le dessin passionnait mon père, artiste éphémère, méticuleux, rigoureux. « Je veux qu'on s'occupe de moi ! » criais-je. Un rien suffisait pour me rassurer. Un rien : une caresse dans les cheveux. C'est très loin.

Pour aller à l'école de la rue Buffon, je courais en tenant un volant imaginaire, et en faisant « vroum-vroum ». Je bifurquais par un passage couvert. Je longeais les grilles du Jardin des Plantes. Je garais ma voiture, une étrangère, allemande, je crois, extraordinaire en tout cas, contre un poteau de stationnement interdit. Je rentrais dans l'école en tournant autour de mon index d'invisibles clefs.

On se bagarrait, à l'école. Il y avait des durs, des hargneux. Ils faisaient la loi, la leur. Je me faisais la mienne. Deux tiers d'inconscience et un tiers d'insouciance. Les pères des autres pouvaient bien être gendarmes ou chefs de gare, le mien était marchand des quatre-saisons, comme on dit : marchand d'arc-en-ciel.

Plus tard, à Savigny-sur-Orge, j'avais vingt ans, j'étais sans doute exalté, et je me rappelle avoir dit à mon père, dans la cuisine, que s'il tuait quelqu'un, je répéterais toujours qu'il était innocent. On ne sait pas quoi faire pour dire « Je t'aime » à ses parents quand on a vingt ans. C'est une chose difficile à avouer.

L'enfance, c'est une époque peuplée d'êtres fantastiques. Petit garçon, j'aimais Aladin, Ali Baba, et même les quarante voleurs, mais ceux-là, depuis que je les connais, je les aime moins.

Mme Ocart, une de mes premières institutrices, ne s'intéressait guère à Ali Baba, mais davantage au B.A.-BA. C'est elle qui me l'a appris. Elle avait un chignon derrière la tête et des cheveux tirés sur le dessus, comme gominés. Elle ressemblait à une grand-mère très douce — cette grand-mère que je n'ai jamais connue. Elle a fait partie des miracles de ma vie.

Mon Far West, c'était le Jardin des Plantes. Ou d'Eplante, comme s'il y avait eu un d'Eplante, monsieur de, comme un monsieur Buffon, ou de L'Hospital. Mes parents m'y emmenaient souvent. C'était un monde magique, entouré de grilles, avec d'autres grilles, et le phoque, à qui on jetait de la nourriture, et les chameaux, qui blatèrent, je crois, quand d'autres déblatèrent, et les lions, les singes. Il y avait surtout des arbres. De l'espace. C'est là qu'un jour mon père est arrivé, à l'improviste, nous annoncer...

— Je suis trop essoufflé, laissez-moi respirer.

— Quoi ? Que se passe-t-il encore ?

— Mais, rien, j'ai...

— Il t'est arrivé quelque chose ?...

— Non, j'ai acheté la voiture.

— Tu es fou. Et combien ?

— Elle est là-bas, devant la porte. Une grise.

Et nous avons couru, ma mère, mon frère et moi, devant le 22. Elle y était. Une vraie grise. Quatre-chevaux Renault, faite pour Mickey. Ronde. Avec des sièges qui sentaient bon la vieille voiture. Une occasion, bien sûr, mais laquelle ! Des roues vertes. Un intérieur marron clair, presque beige. Un vrai chic parisien. J'étais fou de joie. Mon père nous a emmenés à travers Paris et même jusqu'à la gare de Lyon, en moins d'une demi-heure.

— Elle vous plaît ?

— Mais tu l'as payée combien ? a insisté ma mère.

Mon père n'a rien répondu. Il s'est juste retourné vers mon frère et moi :

— Elle vous plaît ?

— Je veux dormir dedans, j'ai dit.

Il a fallu m'en extraire. J'aurais déchiré les sièges, accroché que j'étais, comme un chat dans son coussin.

J'ignore combien nous l'avions payée. Mais je lui trouvais une classe folle, et une quatre-chevaux valait bien deux deux-chevaux, après tout, et je l'aimais. Je crois que tout ce que mes parents ont fait, et cet achat-là en particulier, c'était pour moi et mon frère, donc pour eux, donc pour nous, qui n'étions qu'un, dans ces années cinquante intergalactiques quand une quatre-chevaux devenait le vaisseau de Goldorak et la place d'Italie une planète dangereuse.

Je me suis levé plusieurs fois la nuit pour voir si la voiture, la nôtre, était toujours là. Si ce n'était pas un rêve. Dedans, il y avait un peu de notre vie, je n'ai jamais aimé qu'on me vole ma vie, surtout pour la revendre à bas prix.

Si je suis aujourd'hui un homme public, c'est que j'ai eu cette enfance, jusqu'à dix ans du moins, très privée, sinon privilégiée. Nous n'étions pas riches, mais il y a des choses plus importantes dans une vie d'enfant, et nous nous suffisions les uns aux autres.

Avant d'habiter le quatrième étage, mes parents avaient vécu au huitième du même immeuble. Je n'y suis jamais monté. C'était comme un grenier interdit, un passé qui ne m'appartenait pas, des secrets.

Dans mon cœur, je n'ai jamais séparé mes parents : ces deux-là s'aimaient trop, je les aimais trop, et leur vie était sans défaut. J'ai pourtant vu, plus tard, en fouillant dans une vieille boîte de gâteaux secs —, une boîte carrée, en fer-blanc —, en tombant par hasard sur un livret de famille, que l'un et l'autre avaient été précédemment mariés à des gens dont les prénoms m'étaient inconnus. Je suis resté assis en tailleur à relire les noms, puis j'ai fermé le livret, la boîte, j'ai attendu le retour de mes parents, inquiet.

— Pourquoi ne pas me l'avoir dit ? ai-je demandé, choqué.

— On te l'aurait dit plus tard, a répondu mon père.

Et l'affaire en resta là. Mon père ne se perdait pas en commentaires. Il était réservé, rentrait trop tard — et trop fatigué — pour que ses paroles n'aillent pas droit à l'essentiel. Nos rapports, nos « entrevues », étant réduits dans le temps, n'en étaient que plus intenses. Mon père n'était pas un homme à donner des conseils. Il prêchait par l'exemple.

Un jour, peu avant de quitter le boulevard de l'Hôpital — j'étais au CM2, chez M. Castellani, un instituteur qui se faisait respecter, et qui de ce fait respectait les élèves —, c'était l'annonce du classement mensuel. Il commença par le dernier, énonça tous les noms, jusqu'à ce qu'il ne reste que le mien. Mon cœur battait comme un tam-tam.

Je suis rentré à la maison sans prendre ma « voiture », en courant à en perdre haleine. J'ai grimpé quatre à quatre l'escalier en criant : « Maman ! Maman ! Je suis le Un ! »

C'était la première fois, il faut dire. Ma mère m'a pris dans ses bras et m'a embrassé. Ce bonheur, ce succès me transportaient non pour moi-même, mais pour eux, mes parents. J'étais content pour eux. C'était comme un cadeau. Le plus beau cadeau que je pouvais leur faire.

Depuis, je n'ai pas changé. La réussite est quelque chose que je ne cherche pas tant pour moi-même que pour ne pas décevoir ceux que j'aime. Je suis parfois fatigué, j'ai envie de tout laisser tomber, je me dis « à quoi bon ? » et je reçois des lettres, je vois mes parents, mes amis, et je sais alors pour quoi et pour qui je travaille, comme un boxeur dopé par les encouragements, les bravos.

6

Le chemin des écoliers

Les journées n'avaient rien de monotone, bien qu'elles fussent toutes les mêmes. Je me levais tôt, pour aller à l'école. Comme je dormais avec mon frère, je le réveillais en le chatouillant, et il n'aimait pas ça du tout. Nous portions les mêmes pyjamas à rayures, nous avions les mêmes chaussons et nous nous retrouvions attablés devant un grand bol de chocolat et des tartines que beurrait notre mère.

— Presse-toi, Patrick, disait-elle, tu vas encore être en retard, et n'oublie pas de te donner un coup de peigne avant de partir.

Tout était si imaginaire pour moi, dans ce Paris des années cinquante. Rien n'était hostile ni froid, et je n'avais peur de rien, pas même des grands qui imposaient leur loi aux petits : mon frère Jacky me défendait.

J'étais content de partir pour l'école, et j'étais content de rentrer. Chaque heure de la journée apportait un plaisir différent, et les journées étaient si parfaitement réglées que rien ne semblait pouvoir changer cet équilibre parfait.

Nous avions plusieurs terrains de jeux, mon frère, mes copains et moi. C'était la rue, le trottoir, le square en face du 22, dans la fumée des voitures, le bruit, et surtout le Jardin des Plantes.

Le Jardin des Plantes est resté pour moi un endroit extraordinaire. Il m'arrive, environ une fois par mois, d'y retourner. Il a très peu changé. Il y avait les poneys, avec un gros ventre rond, de grandes crinières, vaguement ennuyés ; le phoque, à qui on donnait à manger ; la ménagerie, les joueurs de belote, du côté de la Mosquée, les joueurs d'échecs. Au Muséum national d'histoire naturelle, je n'ai dû entrer qu'une fois ; c'était une nature morte.

Le week-end, mes copains de classe allaient à la campagne. Mon père travaillait, le samedi et le dimanche matin. Je disais que je partais aussi. Mais je ne dépassais pas le bac à sable du square. J'y poussais mes Dinky Toys, mes Norev, petites voitures sur des autoroutes tracées avec les doigts. Parfois, nous allions jusqu'à Villejuif, chez Anne, la belle-sœur de mon père. Villejuif, ce n'était déjà plus Paris, et la banlieue, dans ces années-là, c'était encore un peu la campagne. Il y avait des vaches à Montrouge, des chèvres porte d'Orléans.

Près de chez moi, j'avais des copains, comme Reichmann, qui habitait juste à côté de l'école. J'enviais ce privilège : il avait moins à marcher que moi pour aller en classe. Il était toujours vêtu de gris, comme un homme plus que comme un enfant. J'allais souvent chez lui jouer aux petites voitures, sur les rayures du parquet. A l'école, je le défendais contre les autres, qui lui reprochaient de « ne pas se mêler ». J'appelais mon frère à la rescousse.

Mon frère n'était pas mon copain. Avec ses cinq ans de plus que moi, il me paraissait trop vieux, et puis... il était mon frère. Je n'avais pas à le juger ni à le choisir, parce qu'il avait toujours été là. Il l'est encore. Mon frère pourrait être le dernier des voyous qu'il resterait mon frère, mon grand frère qui me protège.

Ma mère et moi allions faire les courses à la Mouffe, cette petite rue en pente, commerçante, un marché coloré, avec des fruits exotiques, des odeurs de poisson, des étals de viande, des bousculades. Ma mère avait peur de me perdre. « Tiens bien l'anse du panier ! » Je tenais une anse et elle une autre, malgré la différence de taille. Elle se méfiait beaucoup, et spécialement du charcutier, Fachetti, qui lui avait un jour compté un produit en trop. Ce produit, elle était partie dare-dare le rechercher. Pas question de laisser voler sa famille, se faire dépouiller par un charcutier sans scrupules. Elle était prête à tout braver pour défendre sa progéniture.

J'aimais bien la Mouffe. Les gens parlaient plus fort qu'ailleurs. Il y avait des clochards, des vendeurs qui criaient, et tous ces étalages. Tout semblait offert, possible. C'était la foule, c'est-à-dire un spectacle, le spectacle de la vie.

Aujourd'hui, j'aime autant la foule, et j'aimerais m'y promener, en faire partie, m'y plonger. Mais si je me promène sur les Champs-Elysées, ou si je fais la queue devant un cinéma, on croise mon regard, on me commente, on m'épie, on m'adresse la parole. Et ce n'est plus la foule qui est un spectacle, mais moi. Comme si, au théâtre, les acteurs s'arrêtaient soudain de jouer pour que le projecteur se braque sur l'un des spectateurs dans la salle. Je suis privé d'une partie de la vie.

Avec mes culottes de velours, mes chandails tricotés main, ma cagoule, mon anorak et mes huit ans, j'étais on ne peut plus anonyme, protégé. J'avais les yeux à hauteur d'étalage. C'était trop tentant. Il y avait des baquets pleins d'olives vertes dans leur huile. J'ai commis là mon premier vol. Un larcin indiscutable, mais il y a prescription. J'ai prévenu ma mère.

— Je vais voler des olives.

— Reste tranquille, tiens l'anse du panier.

J'ai tendu la main vers les olives. Ma mère m'a secoué.

— Tu vas voir ton père !

J'ai pris trois olives que j'ai fourrées dans ma bouche pour les gober avec le noyau. Je l'avais fait, j'en étais « cap' ». Quelle honte pour ma mère ! Nous sommes rentrés à la maison sans nous retourner. Les gendarmes n'en ont rien su, ni mon père.

Ma mère vient du Piémont, mais elle n'a pas connu sa famille. Il lui est toujours resté quelque chose de ce manque, elle a toujours voulu donner, et faire plus, faire trop, compenser par son amour maternel celui qu'elle n'avait pas eu. Elle n'était pas non plus une « mamma » préparant des lasagnes toute la journée. Jolie, coquette, « parisienne » et pétillante comme l'asti, elle aimait faire les magasins, pas tant pour acheter que pour comparer les prix, toucher les tissus... et rêver. Mais elle ne partait pas des journées entières. Elle aimait trop son intérieur, toujours impeccable, astiqué, sentant bon l'encaustique, et elle se plaignait parfois de l'exiguïté des lieux, qui ne lui permettait pas de faire mieux.

Elle consacrait sa vie à l'amour de ses enfants et de son mari. Il rentrait du travail, il fallait donc le ménager et lui épargner toute peine superflue. Aujourd'hui qu'il est à la retraite, après une vie de travail, elle lui épluche ses poires, lui coupe son pain, et plie sa serviette de table. Tout cela, elle le fait naturellement, avec une très grande douceur dans ses gestes les plus familiers.

D'elle peut-être me vient cet amour, ce besoin de femmes douces et belles, attentives. La tendresse est devenue une drogue dont je ne pourrais plus me passer.

Enfant, je n'étais pas bagarreur, ni chef de bande, et je n'ai pas affûté mes ergots comme un jeune coq dans la cour de récré. Et puis, ça n'était pas le Bronx, notre îlot parisien. Je n'ai pas appris la dure loi de la jungle entre poubelles et terrain vague, et si je rentrais les genoux couronnés à la maison, c'est que ma « voiture » s'était plantée en glissant sur une peau de banane.

Je n'ai pas la nostalgie de ces années-là, j'ai la nostalgie des amnésiques, je recolle les morceaux d'une mémoire que je retrouve longtemps après. En imagination, je m'assieds dans cette pièce, au quatrième, et je regarde vivre quatre personnes qui, à présent, ont changé de vie mais que la vie n'a pas changées. Les Dinky Toys sont devenues grandeur nature, c'est tout.

Ce que j'apprenais de mes parents, de l'école, je l'apprends des journaux, de la radio, de mon travail. J'ai toujours tendance à croire ce qu'on me dit. Et j'avance. Et le temps vérifie pour moi l'exactitude de l'information. Et ce temps, que j'aurais pu perdre à vérifier moi-même, je le gagne en travaillant, en voyant plus loin. Je ne cherche pas midi à 14 heures, mais à midi, je sais ce que je ferai à 14 heures. J'ai horreur de l'improvisation, je suis un maniaque de l'emploi du temps, parce que le temps est précieux pour tous. Je n'aime pas les poubelles qui débordent, la vaisselle qui s'empile, et s'il ne faut jamais remettre à demain ce qu'un autre peut faire le jour même, je veux bien être cet autre.

Je n'avais alors strictement aucune idée de ce que je ferais dans la vie, puisque la vie m'était assez étrangère. J'étais impressionné par les pompiers, les motards, des gens qui vont vite et qui font du bruit. Puis j'ai voulu être médecin. Le médecin, le « docteur », était avant tout quelqu'un qu'on écoutait.

Puisqu'on me cachait tout, je voulais tout voir, tout connaître. Je n'ai jamais perdu cette avidité.

Peu à peu, mon frère s'est éloigné de moi. Il était entré au collège, au cours complémentaire, à l'école Saint-Marcel. Je n'avais pas le droit de l'y suivre, trop petit, moins encore qu'un bizut. Un jour, j'ai décidé d'y aller voir, tout seul. J'ai forcé la porte. Cela m'intriguait, ces portes closes derrière lesquelles mon frère passait ses journées pour en revenir avec des histoires extraordinaires que je ne comprenais pas.

Je n'ai rien vu, sinon un hall immense, un carrelage comme une mosaïque, des vitres très hautes, et des « grands ». Et je suis reparti retrouver Dubois, mon voisin de l'immeuble à côté. Jean-Marie Dubois. Il était fluet, fragile, doux. Il vivait seul avec sa mère, mais là, je ne posais pas de question. Nous jouions au foot, on tirait des buts, rue Nicolas-Houel, toute proche. Il devait rentrer à 6 heures du soir tapantes, et sa mère, de la fenêtre, le lui rappelait sans cesse. Moi, je traînais jusqu'à 7 heures, je jouais au foot tout seul, en shootant contre le mur.

Il faut qu'enfance se passe, aurait dit mon père, qui vendait ses fruits et légumes, sous le soleil ou sous l'averse, place d'Italie, d'abord, puis rue du Faubourg-Saint-Denis, une autre ambiance. Il y avait là des marchandes des quatre-saisons qui ne vendaient d'autres fruits qu'elles-mêmes, et dont ma mère me protégeait, quand nous allions déjeuner avec mon père. Elles m'attiraient comme une fête foraine. L'une d'elles, une fois, voulut me caresser la joue, et ma mère me ramena contre elle violemment, comme si l'on avait voulu me voler à elle.

Un jour, mon père voulut changer de quartier. Il

installa sa voiture porte d'Orléans. Il n'avait pas d'autre solution que de pousser cette voiture à travers tout Paris, dans les embouteillages, par une chaleur d'enfer. Mon frère était avec lui, et poussait aussi. J'aurais voulu être là, les aider, mais j'étais trop petit, et mon frère me dit fermement que je les gênerais plutôt qu'autre chose. J'étais horriblement vexé. Cette petite voiture en bois vert était aussi la mienne. Je savais qu'il manquait un rayon à une roue, et qu'il fallait la repeindre tous les ans pour la protéger des quatre saisons. Mon frère et mon père ont peiné tout un après-midi et sont revenus exténués, les mains en sang, à la nuit tombée.

— Il est temps que tu grandisses, m'a dit mon père.

C'était bien mon avis.

L'enfance, c'est l'école, les vacances, et les Noëls. Nous n'avions pas la place, dans notre petite pièce, de mettre un sapin. Pas de place non plus pour y cacher un père Noël. Il nous restait ces Noëls pluvieux parisiens, les grands magasins et leurs vitrines de fête, les paquets cadeaux et l'excitation de les ouvrir.

Ce Noël-là, je ne me rappelle pas l'année exacte, il y avait de la soupe à l'oseille, bien chaude, bien épaisse, et bien comme je ne l'aimais pas. Elle fumait sur la table. Répugnante. Et dans le placard, il y avait mon train électrique. Rouge, splendide. Il y avait des mois que j'en parlais, que j'en rêvais.

— Tu n'auras pas ton train avant d'avoir mangé ta soupe.

— Elle est pas bonne.

— On ne dit pas qu'elle est pas bonne, on dit qu'on n'a pas faim, a dit ma mère.

— J'en veux pas, je veux mon train.

— Une cuillerée, pour la locomotive...

Je me suis forcé à avaler une cuillerée, pire que l'huile de ricin, en faisant la grimace.

— Je veux la locomotive.

— Une autre cuillerée, pour le premier wagon.

J'ai dû avaler autant de cuillerées de soupe que de wagons ! Le train le plus long que j'aie jamais vu. Mais le plus beau. Il passait sous le lit comme sous un tunnel, et déraillait contre les pieds des chaises.

Un autre événement — plus important qu'il ne me parut alors — fut l'achat d'un téléviseur.

Mes parents revinrent un samedi soir, sans nous prévenir, avec un gros carton, que mon père monta jusqu'au quatrième. Il posa le carton dans l'entrée, précautionneusement. Il l'ouvrit. C'était un poste de télévision. Mon frère et moi n'en revenions pas. Mon père nous interdit aussitôt d'y toucher. C'était un objet précieux, fragile et dangereux. Il ne faut pas que cela vous empêche de faire vos devoirs ni vous abîme les yeux. Il avait acheté ce poste non pas pour nous faire plaisir, mais parce qu'il passait souvent devant le marchand d'articles électroménagers, et restait planté là, derrière la vitrine, à voir défiler les images. Il avait compris la magie de l'écran. On pouvait proposer des images en noir et blanc, comme lui des fruits et légumes en couleurs.

Il n'avait pas acheté de table pour poser l'appareil, et celui-ci est longtemps resté en équilibre sur une vieille caisse recouverte d'une nappe. Nous avions interdiction d'y toucher et de trop nous en approcher. Mon père regardait le journal télévisé dans un silence recueilli. Ma mère lui disait que le dîner allait refroidir, mais il voulait entendre la météo, pour savoir comment s'habiller le lendemain et prévoir un peu le nombre de clients. Mon frère et moi étions assis en tailleur, par terre, et nous n'avions pas le droit de parler. J'attendais le moment où Jacqueline Cora reviendrait sur l'image me sourire. Elle était une star, qui parlait de timbres-poste comme s'ils étaient des toiles de maître.

Mon père se couchait tôt et savait dire : « On s'est assez fatigué les yeux pour aujourd'hui. » Il éteignait en pleine émission. Mon frère dépliait le canapé-lit et je restais devant la mire qui s'éteignait, disparaissait, comme une étoile filante. Star, on n'est que cela, à la merci d'une page qu'on tourne, d'un bouton qu'on presse, d'un film qu'on veut ignorer. Telle est la limite de notre pouvoir, et c'est très bien ainsi.

La plupart de mes copains n'avaient pas de téléviseur. Je leur racontais les films, les émissions, en les mimant, en imitant les présentateurs. Nous étions une famille modeste, comme on dit, mais plus fière que modeste. En achetant son téléviseur, mon père ne pouvait pas deviner qu'un jour ce serait moi qu'il regarderait sur l'écran. Je ne sais pas encore, aujourd'hui, quand il me voit sur l'écran, en costume-cravate, s'il pense que c'est moi ou bien mon sosie qui s'agite devant lui. Peut-être n'a-t-il pas tort : la télévision peut faire de vous un autre. Il faut se méfier. C'est une chose que j'ai apprise très lentement, et je ne suis pas sûr d'avoir tout à fait échappé au piège.

Dans les années cinquante, la télévision n'avait qu'une chaîne et n'était pas en couleurs. Elle était beaucoup plus impressionnante que ne l'est aujourd'hui un ordinateur pour un gosse de cinq ans. Mes parents disaient souvent : « Une bonne pièce à la radio vaut largement une émission de télé. » Mon frère et moi n'étions pas rivés devant le poste, à suivre toutes les émissions. Mais j'aimais bien « Le Petit Théâtre », de Claude Santelli, ou « La Piste aux étoiles », de Gilles Margaritis, avec l'orchestre de Bernard Hilda, qui se retournait pour saluer le public ou la caméra.

Claude Darget fumait la pipe, Pierre Bellemare menait des opérations formidables, Léon Zitrone trônait et parlait du monde en termes choisis, et Pierre Sabbagh animait « Le Magazine des explorateurs ». C'était l'âge d'or de la télévision. Il y avait quatre speakerines, Catherine Langeais, Jacqueline Cora, Jacqueline Huet et Anne-Marie Peysson, qui savaient vous regarder droit dans les yeux, quelle que fût votre place dans la pièce.

Ils étaient tous aussi réels que Pif le Chien, Milou, Tintin ou le Club des cinq. Ils devinrent de plus en plus familiers, non seulement pour moi, mais pour la France entière.

7

Des lendemains qui chantent

En septembre 1979, le studio 3, où, durant trois ans, nous avions tourné avec Christophe Izard « Les Visiteurs du mercredi », donne son nom à une émission. Cette époque me semble aujourd'hui proche — parce que c'était de la télévision — et loin — parce que c'était de la télévision sans aucun souci, sans responsabilité, et surtout pas celle d'être le producteur. J'étais à la petite école de la télévision, avec les enfants, l'après-midi, à l'heure du goûter. J'étais entouré, moins indépendant, mais plus protégé.

La vie est souvent ainsi. On conduit dans une auto-école, mais un moniteur vous conseille, puis on a sa voiture, mais on ne se risque pas sans être accompagné, et enfin on se lance sur l'autoroute, seul. On veut plus, on passe le permis poids lourd, et on emmène en autocar vingt personnes avec soi, dont on est responsable.

En 1979, je voulais prendre des risques, tous les risques. J'ignorais le mot « carrière », le mot « sondage ». Aujourd'hui, un homme de télévision vit sous le regard des sondeurs, officiels, propres à la télé, ou de ceux des journaux : « Etes-vous pour ou contre le maintien de Guy Lux, le retour de Danièle Gilbert ? »... Est-ce un bien? Un mal ? C'est juste un chiffre, à interpréter, un sondage, et il peut être déplaisant de se voir coté comme une voiture à l'argus. Il ne faut pas se laisser bercer ni berner par les sondages. Je n'ai pas à m'en plaindre, puisqu'ils me sont souvent favorables, mais je reste prudent. On peut difficilement comparer deux émissions : Jacques Chancel contre Guy Lux, Bernard Pivot contre Sabatier ? Une émission de variétés contre une émission scientifique ? Des sondages par secteur seraient plus justifiés. Est-il juste de déclarer sur la foi d'un sondage qu'une émission ou un animateur sont les meilleurs de l'année, du mois, de la semaine ? J'aime mieux, pour ma part, avoir un contact direct avec le public, et demander à dix ou à mille personnes, dans la rue ou lors d'un gala, s'ils ont vu ou aimé mon émission de la veille. Les réactions du public ne me font pas changer une émission, mais elles m'aident à la rectifier, à l'améliorer. Si je ne change pas une émission sur la foi du public, c'est qu'une émission, comme un gouvernement, a besoin d'un certain temps, plusieurs mois, pour trouver son souffle, sa place. Il faut garder une ligne générale, un cap.

En 1979, les sondages plaçaient en tête des hit-parades une musique anglaise débridée, punk, new-wave, un peu folle, très remuante. En Angleterre, les filles avaient des cheveux verts coiffés en porc-épic, les garçons des épingles à nourrice dans les narines, et, dans les clubs, les idoles s'appelaient Stranglers ou Sex Pistols. En France, nos mœurs avaient un peu adouci cette musique, et les jeunes, de toute façon, l'avaient adoptée.

Christophe Izard décida de faire de moi le disc-jokey de « Studio 3 », sa nouvelle émission du mercredi. Je m'adressais à un public entre quatorze et dix-huit ans, qui envahissait d'ailleurs le plateau pour danser. J'étais en jean, cravate de cuir, blouson, et je parlais à un rythme saccadé, comme peut le faire maintenant Jacky dans « Platine 45 ». Je retrouvais l'ambiance de mes « boums » des années soixante.

Dans « Studio 3 », tous les groupes qui marchaient très fort en France et ailleurs se sont succédé sur le plateau ou dans des clips. Le succès était assuré.

A la même époque, Georges Folgoas produisait une émission très populaire, « Les Inconnus de 19 h 45 », et cherchait un animateur pour alterner avec Pierre Douglas. Il me proposa la place. J'acceptai avec enthousiasme et insouciance. Je me laissais aller, sans songer à demain. On me donnait, je prenais.

J'ignorais l'impact que pouvait avoir une émission diffusée à cette heure-là, juste avant les informations. J'étais simplement heureux de faire de la télévision.

Les émissions étaient enregistrées au C.I.T., tout en haut du Palais des Congrès. La télévision y loue des studios minuscules, qui peuvent à peine recevoir un public de trente personnes. C'était la première fois que je présentais une émission enregistrée, mais je faisais comme s'il s'agissait du direct. Depuis, j'ai toujours agi ainsi, et j'ai sans doute raison ; d'ailleurs, je ne suis pas le seul. Ce genre d'enregistrements se déroule à un rythme d'enfer, parfois cinq ou six dans la journée. Patrice Laffont, par exemple, enregistre en une journée toute une semaine de « Des chiffres et des lettres ». Nous filmions quatre émissions le lundi, deux le mardi, diffusées pendant six jours de la semaine suivante.

Le principe de l'émission était amusant. Trois invités, dotés d'un solide bagout et du sens de la repartie, des gais lurons, comme Micheline Dax, Gérard Hernandez, ou Roger Pierre, des gens que l'on peut voir souvent à « L'Académie des neuf », par exemple, devaient reconnaître sous leur déguisement, leur maquillage, et leur voix déformée, deux vedettes du sport, du cinéma, de la chanson, en leur posant une suite de questions.

Les participants s'amusaient, riaient, plaisantaient, le public aussi, moi de même. J'ai découvert ainsi des artistes formidables, comme Robert Castel, Jean Amadou, Maurice Biraud, des amis qui m'ont beaucoup appris. Souvent, on ne leur donne que de petits rôles, mais leur talent est immense, et ils ont pour la plupart débuté — et beaucoup continuent — dans des cabarets. Dans les cabarets, les gens mangent, et si l'on veut se faire entendre, et écouter, il faut savoir prendre la balle au bond, avoir la parole facile, la parole qui porte, qui fait mouche.

Maurice Biraud était un homme merveilleux. Je n'avais jamais pensé pouvoir un jour le rencontrer. Encore plus que « Salut les copains » et Maurice Favières, j'avais toujours aimé les émissions de Maurice Biraud. Et dès que je l'ai vu, je lui ai dit :

— Vous ne pouvez pas savoir comme j'ai été fou et tordu de rire en écoutant vos émissions sur Europe 1, de 9 heures à midi, avec Anne Pérez, M. Brandu...

Et je lui ai raconté les blagues qu'il racontait lui-même à l'antenne il y avait déjà un certain temps.

Je l'ai revu plusieurs fois. Quand je le croisais dans les couloirs de la télévision, ou ailleurs, il plaisantait, m'apostrophait : « Ça va, mon p'tit loup ? » ou bien il ne plaisantait pas, et je découvrais à quel point, plus que gentil, il était intelligent et généreux, humain.

Je l'ai revu quinze jours avant sa mort. C'était au neuvième étage de la Maison de la radio. Il tournait un feuilleton pour la télé. Je lui ai trouvé l'air maussade, mécontent. Ce n'était pas le feuilleton, mais il aurait aimé qu'on lui confie, à la télévision, une émission à lui, et on ne lui faisait pas confiance.

— Maurice, lui ai-je dit, si tu veux, un jour, on la présentera ensemble, cette émission.

— Mais non, a-t-il fait en haussant les épaules, je ne suis plus dans le coup.

Nous descendions les neuf étages, et je me sentais triste, parce qu'il les descendait à reculons, et que moi je montais. Les rôles étaient inversés, et ce métier m'a semblé plus cruel que jamais.

— On la fera, cette émission, lui ai-je répété.

Nous l'aurions faite, j'en suis sûr. Mais Biraud, homme de cœur, est mort d'une crise cardiaque...

Lors d'une autre émission, j'ai rencontré Pierre Perret, qui est devenu pour moi Pierrot mon ami. Cela ne faisait pas une heure que je le connaissais et j'avais l'impression qu'il avait toujours été présent. Il est vrai que j'avais fredonné plus d'une fois ses chansons, les tendres ou les malicieuses.

Nous avons parlé, lui de beaujolais, moi de saucisson, et comme les deux choses allaient bien ensemble, nous nous sommes revus. Il m'invita chez lui. Avec lui tout semble facile, agréable, et il aime faire partager sa joie, son envie de vivre, et de bien vivre.

Après un cassoulet de Castelnaudary, qu'il a joyeusement arrosé, il me propose une partie de tennis. Je me dis « Pierrot, tu ne tiendras pas un set », mais j'accepte. Et nous voilà sur le court, à sautiller comme des champions. Il frappe une première balle qui s'écrase dans le filet. La deuxième me passe à deux mètres au-dessus de la tête. Je lui dis qu'il ferait mieux d'arrêter. Il insiste. Il prend sa respiration et sert une balle que je ne vois pas passer. Il m'envoie tant de smashes, de lobs, de passing-shots qu'il gagne en m'infligeant une leçon. Leçon de tennis, mais surtout leçon de vitalité, de jeunesse, d'amitié.

Je précise que, depuis, j'ai suivi des stages de tennis et que j'entends bien prendre ma revanche...

« Les Inconnus de 19 h 45 », je ne m'en étais pas rendu compte tout de suite, ont fait soudain de moi quelqu'un de connu. On ne connaissait pas vraiment mon nom, mais on reconnaissait mon visage. J'étais présent, sans être encore identifié, et dans la rue je pouvais entendre : « Tu as vu, dis-moi, c'est pas celui... Comment il s'appelle ?... Je ne vous connais pas ?... »

Dans les couloirs de Cognacq-Jay, je bavarde un jour avec Michel Drucker. C'est une rencontre qui comptera beaucoup pour moi, au même titre que celle de Bouvard ou de Christophe Izard. Nous nous connaissons alors sans nous connaître — et il me propose très gentiment de venir voir chez lui, rue Bosquet, où il habitait à l'époque, les enregistrements de mes émissions de la veille. J'accepte avec joie et je me retrouve devant une tasse de thé, entre Michel et sa femme Dany Saval, dans ce salon meublé principalement d'un piano et d'une grande bibliothèque. Je suis également épaté par son magnétoscope, n'ayant alors pas moi-même les moyens d'en avoir un. Nous regardons mon émission et il me donne des conseils. Je remarque qu'il a dans sa vidéothèque l'intégrale de ses émissions.

Plus que tout, je me rappelle la très grande gentillesse de Michel, gentillesse qui ne l'a jamais quitté. Même si nos chemins sont aujourd'hui devenus parallèles, parce que nous faisons le même genre de métier, nous gardons toujours de très bons contacts.

Je reviens une dizaine de jeudis après-midi ainsi, à l'heure du thé. Et nous nous lions d'amitié.

Un de ces jeudis, Michel me confie que Monique Le Marcis, qui s'occupe de programmation à R.T.L., a vu mes émissions et qu'elle m'est très favorable. Il me laisse entendre qu'elle va peut-être me faire une proposition. Je comprends qu'il est prêt à m'appuyer, et que lui-même a confiance en moi.

Monique Le Marcis parle vite de moi à Roger Kreicher, directeur des programmes, et en juin 1977, je suis convoqué à R.T.L.

Je rencontre Roger Kreicher, dont l'importance sur ma carrière, comme sur celle de bon nombre d'animateurs à R.T.L., est incontestable. Il connaît tous les rouages de la radio, et ceux de R.T.L. en particulier. Il a un contact humain extraordinaire et sait se faire respecter. Il est assis dans son bureau et j'ignore tout de ce qu'il veut de moi ; j'ignore même s'il veut quelque chose, mais je me doute qu'il ne m'a pas convoqué pour voir ma tête ou me montrer son costume, gris, strict, bien coupé, comme ses cheveux. Sa courtoisie immédiate me met en confiance.

Il cherche un animateur pour présenter une nouvelle émission d'été, « le Hit des hits », composée des meilleures chansons du monde.

— Vous commenceriez le 10 juillet prochain, et ce serait pour juillet-août.

Je n'en crois pas mes oreilles. A la même époque, peu de temps avant, j'avais reçu une proposition de Radio Monte-Carlo, que je n'avais pas acceptée. J'étais dans une période d'euphorie. Ma saison de télévision avec Christophe Izard s'était très bien passée. A présent, on me proposait de faire de la radio, ce que j'avais toujours voulu faire même si j'étais entre-temps entré à la télévision.

R.T.L., je connaissais bien ! Mais je retrouvais R.T.L. modifiée, parce que c'est une station qui change sans arrêt de décor. On remplace les moquettes, passant du mauve à l'orange, on ajoute des studios, on remonte des cloisons, on refait les peintures, c'est comme la maison évolutive. R.T.L. est une station extrêmement moderne, et, dans les studios, il n'y a pas de vitres entre régie, réalisateur et animateur. C'est unc « radio qui bouge », dynamique et motivée par la qualité.

J'arrive le 10 juillet 1977 pour déjeuner d'une tranche de jambon avec mon technicien-réalisateur (T.C.R., dans le jargon du métier), Jean-Claude Mérien, la quarantaine, pince-sans-rire derrière ses moustaches, fin, cultivé. Jean-Claude Mérien était déjà le T.C.R. de Maurice Favières quand j'allais le voir pour écouter ses conseils. C'était lui qui m'avait appris à monter mes maquettes, et aujourd'hui encore je travaille avec lui dans mon émission matinale.

A 14 heures, j'ai le trac en présentant une chanson de Jean Manson, *Dans la chapelle de Harlem*. Je n'avais pas le trac à la télé, pourtant, mais, à la radio, c'est plus difficile. Il faut faire passer des choses sans l'aide de l'image. Il faut imprimer un rythme, une voix. Et je marchais devant le micro. Je n'ai jamais cessé, d'ailleurs, d'avoir cette attitude très méridionale, de gesticuler, bouger dans le studio.

Malgré le trac, je me sens chez moi dans ce studio et R.T.L. devient pour moi comme une seconde famille. Je passe ainsi deux mois dans une ambiance de travail excellente.

Quand ma période de stage prend fin, Roger Kreicher me convoque à nouveau dans son bureau. J'ignore le sens dans lequel il va me remercier.

— Je vous ai écouté plusieurs fois ; ce que vous faites nous plaît, et vous avez l'esprit maison. Ça m'intéresse, mais je n'ai rien à vous donner, parce que notre grille est pleine.

Le petit matin était fait par Favières, les matinées par Anne-Marie Peysson, Fabrice faisait les jeux de midi, et l'après-midi commençait avec Evelyne Pagès, puis Drucker, Bouvard, Max Meynier. Pas de place pour moi, donc. Mais Roger Kreicher me propose de rester à R.T.L. pour y faire des remplacements. Afin que je n'aille pas ailleurs. J'étais d'accord à cent pour cent. Dès le mois d'octobre 1977, quand Maurice Favières part quinze jours en vacances, c'est moi qui le remplace, onze ans presque jour pour jour après avoir été le voir travailler dans ce même studio.

J'étais dans le délire, l'enthousiasme le plus complet. L'équipe m'avait accueilli, elle m'encourageait. Je me levais à 4 heures du matin, dans un état de grâce total. J'arrivais à la station pour trouver mon café noir, mes croissants. On plaisantait, avec cette impression rare d'être levé avant tout le monde et de préparer le réveil des auditeurs. Les journalistes travaillent dès 3 heures du matin à la rédaction de leurs journaux. On se sent comme le coq de la basse-cour. C'est la nuit, et nous allons faire naître le jour.

Je suis devenu à R.T.L. l'homme des remplacements. A Noël, je prends pour deux semaines la place d'Anne-Marie Peysson, le matin, et je m'adresse plutôt aux femmes, aux ménagères, puis je remplace Max Meynier le soir, où j'ai un auditoire plus musclé, plus viril. Ces changements, ces intérims m'apprennent les multiples aspects du métier de présentateur. Je dois m'adapter, pour être adopté. A R.T.L., tous les animateurs peuvent se remplacer les uns les autres. Il faut être complet pour être un bon animateur, et cet apprentissage dure au moins cinq ans. On côtoie des équipes différentes, on se lève et se couche à des horaires différents. Votre rythme de vie est sans cesse bouleversé. J'ai appris à être disponible. A répondre « présent ».

En juin 1978, Roger Kreicher, en compagnie de Jean-Bernard Hébey, conçoit une émission pour l'été. « La Grande Parade de l'été. » Il désire une émission gaie, ensoleillée, avec énormément de jeux, de cadeaux, de chansons.

— Cette émission est pour vous. Mais vous n'aurez pas de vacances...

— Je les passerai sur les ondes de la station.

Et j'ai la joie d'animer une émission de jeux. Je pose des questions aux auditeurs. Certains sont en vacances, au soleil, d'autres sont restés chez eux, et il faut leur faire croire au soleil. Les jeux ne sont jamais très compliqués ; en vacances, il faut rester simple. Ils consistent à trouver des rimes de chansons, ou des mots dans un des tubes de l'été. L'émission se passe dans une décontraction totale, en chemisette, et ne manquent que les parasols.

Il existait — il existe encore — à R.T.L., le samedi et le dimanche matin, entre 9 et 13 heures, une émission dont le succès durait depuis 1969. Elle était animée par Anne-Marie Peysson. « Stop ou encore. » Le principe est simple. On propose cinq titres d'un même chanteur, et les auditeurs appellent à un numéro de téléphone pour dire « Stop » et à un autre pour dire « Encore ». Les idées les plus simples sont souvent les plus efficaces : quatre millions d'auditeurs par émission...

Cette émission m'est confiée à partir de septembre 1978. C'est pour moi un succès, une preuve de confiance, mais aussi une nouvelle expérience.

Je prends l'habitude de travailler le week-end, très tôt, à l'heure où chacun va à la messe ou au tiercé. J'aime ça.

Comme je continue « Les visiteurs du mercredi », mes semaines sont bien remplies. Christophe Izard, qui m'écoute parfois à la radio, me donne des conseils, ou me fait des compliments. L'émission « Stop ou encore » gagne des auditeurs. J'y participe pendant deux saisons consécutives, et l'été 1980, je présente une seconde « Grande Parade de l'été »...

8

Une idée sur un plateau

En septembre 1980, à R.T.L., je fais un nouveau pas, et chaque pas est décisif. Chaque pas peut être un faux pas, et, dans ce métier, il faut toujours se méfier de soi, tout en allant de l'avant. J'assure une nouvelle tranche horaire et un nouveau type d'émission.

De 13 h 30 à 14 h 30, je reçois une vedette dont c'est l'anniversaire. L'émission s'appelle tout simplement « Bon Anniversaire »... C'est la première fois que je reçois des vedettes en direct dans une émission de radio. Nous prenons le café ensemble, et l'esprit de l'émission veut que nous invitions aussi sur l'antenne des auditeurs dont c'est l'anniversaire.

Je recevrai trois cents invités parmi les célébrités les plus diverses : Hervé Bazin, Isabelle Adjani, Bernard Hinault, Edmond de Rothschild, Depardieu, Delon, Louis Aragon... Je me souviens bien de l'arrivée d'Aragon dans le studio. Très vieux, fripé, ridé, voûté. « Il ne faut surtout pas trop le déranger », avait prévenu son secrétaire. Quelques mois plus tard, Aragon devait en effet mourir. Il m'avait impressionné par ses reparties, sa lucidité, son sang-froid. Il voulait parler de tout, comme s'il savait que la mort allait bientôt le faire taire à jamais. La politique, la poésie, le roman, mais aussi l'an 2000, la guerre, puis l'espoir. Chacun de ses mots prenait dans le micro une impressionnante résonance. Ce jour, je m'en souviens moins comme d'un jour empreint de gravité que comme d'un message d'espérance, de confiance.

Toute l'équipe préparait à l'avance l'éphéméride des gens célèbres, et nous les contactions. La plupart étaient d'accord, amusés de voir leur anniversaire fêté publiquement, sur les ondes.

Renaud est né un 11 mai, et c'est le lendemain de la victoire de la gauche que je l'ai reçu. Il n'a pas voulu parler de lui, ni de Montrouge, de la porte d'Orléans, de son enfance. Il était enthousiaste, exalté par cette victoire, et par le grand rassemblement qui avait eu lieu la veille au soir, place de la Bastille, à l'appel de Lionel Jospin. Une ambiance de fête populaire, de liesse, de musique et de 14-Juillet. Il y avait beaucoup d'espoir dans les paroles de Renaud, qui pouvait faire penser à Gavroche, titi parisien.

Chaque jour, en fêtant l'anniversaire d'un invité et d'auditeurs, j'avais l'impression de partager un gâteau avec des bougies.

Un après-midi arrive, sur le plateau de « Studio 3 », quelqu'un que je connaissais vaguement, Roger Picard. J'avais bu un jour une bière avec lui dans un bar belge des Champs-Elysées. Il regarde ce que je fais, et vient me voir après l'émission.

— Ce n'est pas mal, ce que tu fais. J'aimerais que tu viennes dîner à la maison.

J'y allais. Et c'est ainsi que j'ai découvert que sa femme, Annick, très belle blonde aux yeux bleus, était la reine du faisan à la choucroute. Vision inoubliable que de la voir sortir de la cuisine ce plat de rêve entre les mains. J'ai compris pourquoi Roger Picard était si joyeux de caractère, si optimiste et plein de vie.

Son seul problème était que son boulot d'attaché de presse commençait à l'ennuyer. Nous avons sympathisé aussitôt, et, peu de temps après, nous avons passé le réveillon de la Saint-Sylvestre ensemble, dans un restaurant du bois de Boulogne. A minuit, sous le gui et le houx, en nous souhaitant la nouvelle année, je lui ai dit :

— Si j'ai la chance d'aller plus loin à la télévision, tu seras la première personne que j'engagerai.

Cela pouvait ressembler à un vœu pieux, mais j'ai tenu parole le 1er mai de cette année qui naissait.

J'anime « Studio 3 », « Les Inconnus », et une émission sur R.T.L., mais je me sens comme un produit, alors que j'ai envie de produire, de créer. Faire quelque chose de mes mains ou, plutôt, de ma tête. Je marche bien, mais je veux tracer le chemin. Et je viens d'avoir une idée, qui me tient à cœur, qui me ressemble.

Il y a presque deux ans, lors d'un Salon de l'enfance, j'avais rencontré Roger Pradines, célèbre producteur d'émissions telles que les shows des Carpentier, « Numéro I », ou des spectacles de Julio Iglesias. Comme beaucoup d'autres célébrités de la télévision, Pradines était pour moi un nom sans visage. Et nous nous étions parlé quelques minutes, durant lesquelles j'avait hasardé — prémonition ? — cette petite phrase : « Si j'ai un jour une idée, j'aimerai vous en faire part. » Il avait acquiescé, mais j'avais rangé ce souvenir dans un tiroir. Lorsque j'ai l'idée, le tiroir s'ouvre. Je téléphone à Roger Pradines. Il me propose de passer chez lui.

Nous sommes en avril, et il fait beau, rue Manin, le long des Buttes-Chaumont. Les arbres du parc sont vert tendre, et j'ai confiance en moi, en ce printemps. Roger Pradines me reçoit, sa femme nous offre le thé, et nous parlons d'une photo de classe. Sur ces photos, que nous avons tous, il y a une trentaine d'élèves, sur trois hauteurs de rang, qui sourient ou froncent les sourcils devant le photographe. Et parmi ces trente, un peut-être est célèbre, aujourd'hui. Demandons à cette célébrité, cette vedette, sa photo de classe, et recherchons ses camarades, ses amis, oubliés, perdus pour cause de vies différentes.

Roger Pradines semble séduit par l'idée. Nous ne parlons pas comme de grands stratèges qui tiennent un conseil de guerre, et nos vingt ou vingt-cinq ans d'écart ne se sentent pas, ni l'évidence qu'il est un professionnel confirmé et moi, un inconnu de 19 h 45. Nous nous amusons à chercher un titre, comme si nous jouions à un jeu de société. Je propose « Avis de recherche », puisque nous devons lancer une équipe à la recherche des disparus du passé. Va pour « Avis de recherche ». Et maintenant ?

Je n'ai aucune idée de la production. J'ignore même si le P.-D.G. de TF1 me connaît. Mais Pradines, lui, connaît Jean-Michel Heppe, directeur des variétés. Pourquoi attendre ? Il lui téléphone aussitôt.

— Allô, Jean-Michel ? C'est Roger Pradines, je suis avec Patrick Sabatier, tu le connais.

— Oui ?

— Il a un projet, que je trouve intéressant. Il faudrait qu'il t'en parle.

— Oui ? On essaiera de se voir...

La réponse était hésitante, un peu contrastée avec mon enthousiasme. Alors je me lance :

— Il faut présenter le projet au P.-D.G., directement.

J'ai le feu vert de Roger Pradines, et je me jette à l'eau, ou plutôt à l'encre, et rédige sur trois feuillets mon projet : « C'est une émission de variétés mais aussi, et surtout, une émission où le télespectateur devient actif, où il peut appeler tel numéro pour dire avoir participé à telle photo de classe avec Julien Clerc ou Annie Cordy. Il s'agit un peu d'une enquête, d'une série policière... »

Reste le plus dur. Obtenir un rendez-vous avec Jean-Louis Guillaud, P.-D.G. de TF1. Heureusement, Catherine, sa femme, avait été ma collaboratrice, et je lui demande une faveur. Elle me dit de téléphoner, tout bêtement. Et j'obtiens le rendez-vous.

Roger Pradines m'accompagne. Il est coauteur et sera coproducteur de l'émission. Nous attendons, au septième étage de la rue Cognacq-Jay, dans l'antichambre d'un bureau de direction qui me fiche le trac.

Jean-Louis Guillaud nous reçoit :

— Bonjour, Jean-Louis, dit Roger Pradines.

— Bonjour, Roger, dit le P.-D.G.

— Bonjour, monsieur le Président-Directeur général, dis-je.

— Bonjour, Patrick, dit Jean-Louis Guillaud, en tirant sur sa pipe.

Il tirera sur sa pipe tout le long de notre entretien, et signera des papiers, recevra des coups de téléphone, en donnera.

— Qu'est-ce qui vous amène ? demande-t-il quand même.

— J'ai un projet, dis-je.

Je tends mes trois feuillets, et, avant qu'il ne les lise, j'ajoute :

— Attendez, je vais vous montrer l'émission.

Et je commence à mimer tous les personnages, l'animateur, la vedette, le copain qui est le troisième à gauche sur la photo. Je gesticule, je fais mon cinéma.

Au bout de vingt minutes, Jean-Louis Guillaud me dit :

— C'est tentant.

C'est un des plus beaux souvenirs de ma carrière,

car sans ce rendez-vous, cet entretien, je me serais sans doute retrouvé dans une impasse.

Tout de suite, « Avis de recherche » a du succès, auprès des téléspectateurs, mais aussi dans la presse. Deux semaines après le début de l'émission, je vois ma photo en couverture de *Télé-Poche*. C'est la première fois. C'est une émission dont les gens parlent entre eux, en vacances, dans la rue, dans le métro. Je suis étonné de la dimension du succès.

Notre première invitée avait été Anne-Marie Peysson, et une bonne ambiance marseillaise avait chauffé le plateau. On lui avait rappelé comme elle était bavarde. Ce qui ne fut pas le cas de Jacques Villeret, lorsqu'il vint à l'émission. Ses copains lui disaient : « Mais Jacques, tu te souviens bien, tu séchais toujours les cours de gym ! » Et lui : « Moi ? Ah ? Vous croyez ? » Les souvenirs de classe ne semblaient pas l'émouvoir outre mesure. Heureusement, dans sa jeunesse, il avait passé plusieurs mois en Scandinavie, où il avait eu une fiancée qui servait dans un bar. Et cette fiancée norvégienne, par hasard — et quel hasard ! — se trouve en France au moment de l'émission. Elle voit Jacques, téléphone, et nous l'invitons en direct sur le plateau, sans prévenir son ancien amoureux. Etonnement de Jacques, abasourdi : « Mais... qu'est-ce que tu fais là ? » Toute son émotion passait sur son visage et dans sa voix.

Cet épisode inattendu m'a appris qu'il fallait créer l'émotion, et ne pas tout dire aux invités, ménager la surprise, sinon le direct lui-même devenait de la routine.

Le direct, c'est le risque. Ce jour-là, notre invité est Michèle Torr, originaire de Provence, et un car doit amener spécialement ses dix-huit ex-camarades de classe. Le car se trompe et va directement aux Buttes-

Chaumont, quand nous sommes à la Maison de la radio. Les invités arrivent d'ordinaire vers 11 h 30. 11 h 30, personne. Midi, personne. Michèle Torr, au secret dans sa loge, n'en sait rien. 12 h 30, je prends l'antenne, et nos invités ne sont toujours pas là. Je me dis que les minutes qui vont suivre vont compter dans ma vie... Je présente Michèle Torr, qui chante une chanson. On téléphone que le car s'est trompé de direction et qu'il vient de quitter les Buttes-Chaumont. Impossible qu'il soit à l'heure, par le périphérique, même au mois de juillet. Je plaisante à l'antenne, mais je me décompose à l'intérieur. Et, soudain, le visage de Michèle s'illumine, elle crie : « Antoine ! »... Elle vient de reconnaître un de ses camarades qui pointait le nez en coulisses. Les autres suivent.

Une des difficultés majeures de l'émission était de convaincre l'invité vedette de se laisser emprisonner pendant une heure dans sa loge avant l'émission, pour éviter tout contact avec ses anciens camarades. Quand on a affaire à Hervé Bazin ou à Alice Sapritch, ce n'est pas facile du tout. Emprisonné, cela voulait dire bouclé à clef, et je gardais moi-même la clef.

Si elle se laissa cloîtrer comme les autres, Alice Sapritch, justement, eut peur au moment de retrouver ses anciennes camarades, peur que leur âge n'en dise trop sur le sien... Mais elle finit par se prêter de bonne grâce aux règles du jeu.

Après les émissions, l'ambiance était au beau fixe, et nous nous retrouvions une soixantaine à table, soit au restaurant, comme avec Pierre Perret ou bien d'autres, soit chez la vedette, comme ce fut le cas avec Line Renaud, qui nous reçut magnifiquement.

Jean-Claude Brialy conclut cette série d'émissions fin août. Il a invité Jean-Louis Guillaud, notre P.-D.G., et il découvre, sur le plateau, ses anciens camarades de classe : tous des militaires. Brialy avait fait ses études au Prytanée militaire de La Flèche, dont il avait gardé des souvenirs cocasses... Après l'émission et les retrouvailles, il va voir Jean-Louis Guillaud, qui était dans un coin du studio, attentif, et lui dit, en me montrant du doigt :

— Gardez cette émission, ce jeune a du talent.

J'étais rouge de plaisir, et je n'y croyais pas. Guillaud accepte et me dit :

— Puisque vous vous sentez d'attaque, attaquez.

9

Photo de classe

J'ai quatre ans, et la vie devant moi. (D. R.)

Paré pour ma première rentrée des classes. (D. R.)

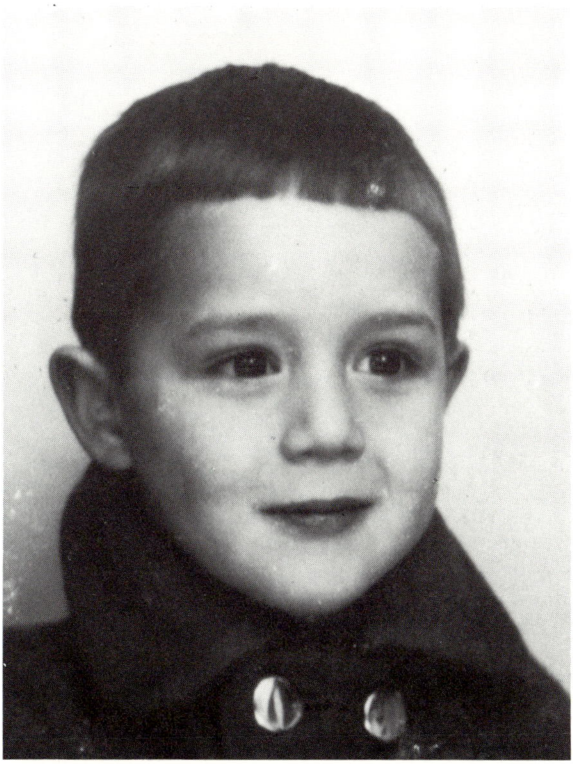

Mon ours ne me quittait jamais, et moi je ne quittais jamais ma mère. (D. R.)

J'ai toujours pu m'appuyer sur mon père. (D. R.)

Mon frère Jacky et moi. (D. R.)

Comme chez moi au Jardin des plantes. (D. R.)

Mes premières vacances. (D. R.)

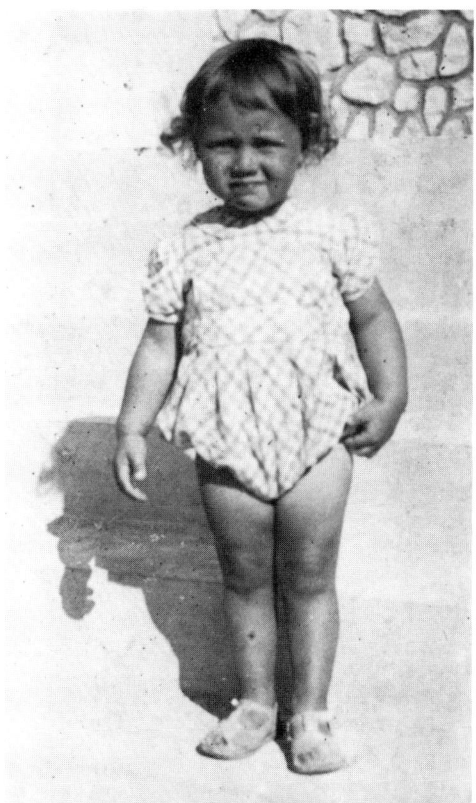

Avec ma plus belle barboteuse,
mais sans le sourire. (D. R.)

A quatorze ans, au lycée Jean-Jaurès de Vitry-sur-Seine. (D. R.)

Au micro de *Studio 3*. (Photo Interpress.)

RTL, j'écoute... Qui est en ligne ?
(Photo J. Loew Interpress.)

Sur le plateau de *Transit*. (Photo Interpress.)

Tout près du ciel avec *Avis de recherche*. (Photo Interpress.)

Atout cœur, une belle carte de visite.
(Photo J.-J. Bernier/Interpress.)

Frappez et on vous ouvrira...
(Photo F. Meylan/Interpress.)

En direct avec Georges Lautner. (Photo Jacques Loew/Interpress.)

Entre deux appels. (Photo Interpress.)

Mon bolide favori. (Photo Mano/Télé Star.)

Chez moi, en plein travail.
(Photo J.-J. Bernier/Interpress.)

En mai 1983, avec Anouk. (Photo Angeli.)

Rivaux et amis. (Photo Bourget/Télé Star.)

Jacques Martin : un vrai professionnel. (Photo Interpress.)

En toute gaieté avec Pierre Perret. (Photo Interpress.)

Danièle Gilbert se met à table. (Photo Interpress.)

Sardou en liberté.
(Photo Interpress.)

Jacques Villeret pendant
Avis de recherche.
(Photo Interpress.)

Avec Serge Lama,
le verre de l'amitié.
(Photo Interpress.)

La photo de classe d'Annie Cordy. (Photo Interpress.)

V. comme victoire pour le lancement du *Jeu de la vérité*. (Photo Noël Quidu.)

Avec Alain Delon et Shirley Bassey. (Photo Michel Ginfray/Gamma.)

Champagne pour Polnareff et Rémy Grumbach, fou rire pour moi. (Photo E. Megret/Interpress.)

La nostalgie de l'enfance. (Photo Interpress.)

Il faut savoir prendre la balle au bond. (Photo J.-J. Bernier/Interpress.)

Mon premier vélo était moins beau.
(Photo J.-J. Bernier/Interpress.)

Les petits plats font les grands chefs.
(Photo J.-J. Bernier/Interpress.)

En balade d'amoureux. (Photo F. Meylan/Sygma.)

Avec mes parents en 1985. (Photo F. Meylan/Sygma.)

Souvent, en préparant « Avis de recherche », des souvenirs de mes années scolaires me revenaient. Et je me demandais, moi aussi, où étaient passés mes copains d'alors.

Je me revois à dix ans, à Vitry-sur-Seine. Cette année-là, en 1961, mes parents nous avaient avertis, mon frère et moi, que nous ne pourrions pas partir en vacances. Ils avaient mis leur dernier sou dans l'achat d'une petite maison. A crédit, bien sûr. Et ma mère se tracassait pour les traites. Elle reprochait à mon père cet achat insensé. Lui voulait que nous soyons chez nous. Je n'avais pas vu la maison, je savais juste qu'il allait falloir quitter Paris, partir d'ici. Où j'étais bien. J'avais dix ans et je savais que je devenais quelqu'un d'autre. Notre pièce ressemblait à un champ de bataille, les bibelots protégés par du papier journal où la photo du général de Gaulle revenait souvent. On entassait de Gaulle dans des cartons. J'ai rangé mon train électrique soigneusement avec mes autres affaires.

C'était comme un déchirement, un morceau de vie fini. Je quittais le XIIIe arrondissement, mon école, mes copains, et j'avais grandi, sans m'en être rendu compte.

J'étais parachuté loin de ma base. Je découvrais Vitry-sur-Seine, la vraie banlieue, celle des années soixante.

Travelling sur des avenues désertes le dimanche, des modes de quartier, gros plan sur des visages inconnus.

La maison était en pierre meulière. Juste un étage, très simple. Et un jardin, sans rien. Une maison banlieusarde un peu moche, mais qui nous semblait un grand luxe, après cette carrée où nous avions vécu. J'aimais rester dans la cuisine, faire mes devoirs quand ma mère préparait le dîner. L'odeur de l'encre et celle des aubergines allaient bien ensemble. Nous faisions la même chose. Elle, un travail de mère et moi, mon travail d'écolier.

Ma mère se faisait beaucoup de mauvais sang. Elle comptait. Elle se demandait si on pourrait boucler les fins de mois, elle pleurait parfois, le soir, en cachette.

Le déménagement s'était effectué par nos propres moyens, et en plusieurs journées, avec l'aide d'un ami qui avait une camionnette, ainsi que dans notre quatre-chevaux grise et poussive. On y avait entassé ce qu'on avait de mobilier, babioles, vêtements. Puis nous nous y étions entassés nous-mêmes, c'était l'aventure...

C'en fut une autre quand ma mère me conduisit à l'école Montesquieu. Une école de garçons, bien sûr, mais qui ne me rappelait en rien la classe studieuse de M. Castellani : c'était le chahut — les autres disaient le « bordel ». Un mot que j'ignorais. J'étais en terre étrangère, avec ses costumes, sa langue : la banlieue.

On m'a présenté : « Votre nouveau camarade s'appelle Sabatier Patrick, et je vous serais reconnaissant d'être hospitaliers avec lui ; il ira s'asseoir à côté d'Andréotti, qui ne lui communiquera pas, j'espère, ses déplorables manières. »

Sifflets de l'assistance.

Tout était à craindre. Andréotti, d'abord, au fond, près du radiateur. Il avait un œil vert et l'autre jaune. Il parlait des filles comme s'il les connaissait. Il était grand, en retard de deux ans, et passait les cours à bombarder les autres à la sarbacane.

Je n'avais que deux mois à passer dans ce bagne, et j'étais sûr de mon admission en sixième, mais c'était une autre partie qui se jouait, ma vie. J'aurais pu être cancre, insolent, ou fayot. Je me suis juste dirigé, indifférent, droit, jusqu'au fond de la classe, où Andréotti occupait les deux parties du double pupitre. Je l'ai poussé, sans rien dire, j'ai glissé mes affaires dans le casier, et j'ai écouté le maître, malgré le brouhaha.

J'étais perdu. Cette école ne me paraissait pas normale. Je ne le savais pas, mais elle n'était que le reflet de la banlieue. La banlieue n'est pas un endroit normal. Où qu'elle soit, elle est ailleurs. Il ne s'y passe que des événements périphériques. La vraie vie est au centre.

J'avais été au centre, en enfance, comme en paradis. Dans la chaleur du monde. En banlieue, j'étais exilé. Il fallait que je fasse mes armes.

Et dire qu'aujourd'hui, à titre honorifique de membre extérieur, je fais partie du conseil d'administration de l'école Montesquieu !

Andréotti n'avait peur de rien. Il avait toujours sur lui des pétards, qu'il jetait aux quatre coins de la salle, sauf sous ses pieds et les miens. J'avais quand même peur qu'on nous repère : j'étais nouveau, et je venais d'une école studieuse.

Andréotti me disait de rester calme, relax, et il balançait ses pétards. Le maître s'indignait, mais il subissait. Il attendait la sonnerie.

A la récré, on partait jouer dans la cour, au foot, on shootait dans les portes des toilettes, qui servaient de cible. Derrière ces portes, certains fumaient. Des P4, une marque quasi clandestine. On jouait encore aux billes, à tic et patte. On allait à l'infirmerie plus souvent qu'à notre tour, prétextant une migraine, une indigestion, pour s'allonger et échapper au bagne. L'école était non plus l'école, mais la prison.

Au contact d'Andréotti, et des autres, plus voyous que moi, je me suis décoincé. J'ai appris la sauvagerie et la liberté. Et l'argot. C'est formidable, l'argot. Un langage, croit-on, que les parents ne connaissent pas.

On était dur, à Montesquieu. C'était la loi du plus fort. Coups de poing dans le nez, insultes, et grands frères de l'extérieur faisaient la loi.

J'y ai passé deux mois dans une étrange impression de cauchemar. Zéro de conduite pour tout le monde. C'était une transition judicieuse entre la communale appliquée où j'avais été et le C.E.G. dévergondé qui m'attendait.

J'ai passé quatre ans, ensuite, dans ce C.E.G. de Vitry. Toujours pas de filles dans nos classes. La mixité, c'était bon pour le lycée. Nous étions sans doute trop mal élevés, trop sauvages pour qu'on laisse des filles nous côtoyer et prendre nos mauvaises manières.

C'était un monde fermé ; une usine, une forteresse. On appelait les élèves par haut-parleurs. Six cents élèves. Des classes de quarante enfants, bizuts de sixième A, impatients de faire leurs preuves, non pas tant en anglais ou en récitation qu'à la sortie de l'école de filles, à côté.

C'était l'âge bête. Les filles, dans l'autre école, avaient quand même une puberté d'avance sur nous. Une maturité qui, somme toute, fait toujours défaut, par la suite, à la plupart des hommes. Les femmes saisissent mieux les courants, les modes, les tendances. Les hommes restent un peu en retard, à la traîne.

Notre sexualité s'exprimait de la façon la plus nigaude qui fût. M. Willaume, le prof d'anglais, nous demandait : « *Are you asleep ?* » et nous voulions entendre « Avez-vous un slip ? », d'où l'hilarité pleine de finesse d'une classe bien échauffée au sortir de la couche-culotte.

« *Would you repeat, please ?* »

M. Willaume, je l'ai revu par hasard, il y a deux ans, à Antibes, où j'animais un jeu. Il n'avait pas changé. Il était dans l'assistance, décontracté, play-boy bronzé, blond ondulé, comme décoloré par le soleil et la mer, coquet. Il portait des souliers américains à semelle épaisse. Il croyait que je ne l'avais pas reconnu. Comment aurais-je pu oublier monsieur Are-you-asleep-Willaume ? Il gardait, pour sa part, un très bon souvenir de notre classe, et de moi en particulier, qu'il décrivait comme turbulent, vif — un animateur, sinon un meneur... Nous sommes restés une heure à discuter ensemble. Il m'a étonné. Il se moquait de l'enseignement, des élèves et des profs. Il aimait avant tout la peinture, où il risquait, assez timidement, ses talents. La décontraction, la nonchalance de M. Willaume, c'était sa défense, son bouclier contre un environnement qu'il n'aimait pas. Il m'a laissé son numéro de téléphone, mais je n'ai jamais osé le rappeler. Il m'avait laissé beaucoup plus : la magie d'une rencontre inopinée, et la joie de parler du bon vieux temps, « *good old times* », aurait-il dit, avec l'accent. Cette magie, j'ai eu peur de la détruire en insistant.

J'ai soudain découvert, à onze ans, ce qu'était un vrai copain, un alter ego, en la personne éminemment canaille de Patrick Rousseau. La mèche en bataille, le blue-jean rapiécé, toujours en guerre contre le monde, nous nous étions pris d'amitié, justement parce que nous étions différents. Il vivait derrière chez moi, à dix mètres, dans une rue parallèle. Nous devînmes inséparables. Il ne s'entendait pas avec ses parents, et moi, de ce fait, je comprenais la chance d'avoir une famille aussi soudée que la mienne. Ce qui pendant dix ans m'avait semblé une chose naturelle, je m'apercevais que c'était un bonheur rare.

Rousseau avait une chance, quand même, dans la vie. C'était son vélo. Un demi-course léger, rouge vif, un vrai pur-sang. J'aurais voulu le même. Mes parents m'offrirent un vélo. Je le découvris un jeudi, devant la maison. Il était beige, lourd, avec de gros pneus, un porte-bagages, des garde-boue, et je regardais ce vélo, ce cadeau, sans rien dire, déçu. Mes parents avaient cru me faire plaisir, et je mourais de honte.

— Il te plaît, alors, c'est un routier, c'est bien ce que tu voulais ?

— Euh... Oui... Il a l'air solide..., ai-je bredouillé.

— Eh bien, essaie-le. Vas-y !

Je les ai embrassés en les remerciant, et j'ai enfourché le routier. J'ai fait le tour du pâté de maisons, en baissant la tête, non pas comme un coureur, mais pour éviter les regards. Je suis rentré bien vite garer mon routier et ne l'ai ressorti que plusieurs jours plus tard.

Rousseau n'a pas fait de commentaires. Il était trop heureux que nous puissions quand même nous balader ensemble. Je le suivais en ahanant, jusqu'au bois de Vincennes.

— Va pas trop loin, disait ma mère, et range-toi bien à droite quand une voiture te dépasse, et n'enlève pas ton chandail quand tu es en nage, et n'écoute pas Rousseau s'il te demande de faire des bêtises...

Le C.E.G., c'était quand même des efforts indispensables : sauter en ciseaux, sous les cris de M. Chauvelot, le prof de gym, carré, tête carrée, cheveux courts et moustache. Il savait nous mener à la dure. « Vous avez besoin d'être dressés ! » Il fallait grimper à la corde à nœuds et rester collé au plafond, faire des roulades qui n'avaient rien de galipettes, avoir l'esprit d'équipe tout en développant son sens de l'effort individuel. « A vos marques, prêts, partez ! » Courir le soixante mètres, le six cents mètres, et ne pas défaillir devant les copains.

C'était aussi le travail manuel, où l'on fabriquait de petites boîtes horribles et tordues, un résultat qui tenait du Van Gogh tridimensionnel. Des reliures de livres. Bref, on peignait la girafe dans le sens contraire du poil.

A la cantine, le midi, Mme Assassin nous servait. C'était un nom à vous donner des cauchemars. Elle était grosse, poudrée, maquillée, remaquillée, avec un rouge à lèvres écarlate, des cheveux teints, une vague odeur de sueur, un peu « peinture sur crasse », et des taches de tomate sur sa blouse bleu ciel en Nylon. Elle régnait sur la cantine. Menu immuable répété de semaine en semaine. Les petits-suisses étaient les bienvenus, moins propres à la consommation qu'à l'expédition directe vers la tête des camarades. Batailles rangées, sous le regard consterné de Mme Assassin. Je crois qu'elle nous aimait bien quand même.

Nous étions près de deux cents, dans ce réfectoire. On avait beau devoir rester en file deux par deux, on finissait par s'écraser les uns sur les autres à la porte, dans notre hâte d'aller au ravitaillement.

— Du rab ! Du rab !

Toujours plus. Pas tant pour manger, que pour avoir, ne pas être en reste.

L'atmosphère de la cantine, je l'ai retrouvée plus tard dans des cocktails, des buffets où des invités très *smart* se pressent pour avoir le dernier canapé au caviar. Peur de manquer.

Rousseau, qui était malin, demanda un jour à un nouveau, pas très futé :

— Tu sais ce que c'est, une capote anglaise ?

— Un imperméable britannique ? répond le crédule.

— Je ne crois pas, va demander à Mme Assassin, elle doit savoir.

Le pauvre bougre y est allé, pour écoper d'une punition salée, toute la durée du repas le nez contre la fenêtre, sans manger. Rousseau a pris sa part. Il était fort.

Par la suite, j'ai moi-même été pion dans des réfectoires, à Choisy-le-Roi, Massy, Verrières et même à Vitry-sur-Seine... Trois cents élèves se lançaient des petits-suisses au visage sans me surprendre ni m'impressionner. J'avais déjà vu ça de l'autre côté de la barrière. Tout ce que j'ai fait, dans ma vie, a été progressif, préparé par des expériences préalables. Des stages, en quelque sorte. J'ai fait ce que je savais pouvoir faire.

Je n'ai jamais été parachuté, privilégié, protégé. Et pourtant, aujourd'hui, je me dis que sans la chance je n'aurais jamais gravi si rapidement les échelons.

10

Twist again

Les deux premières années au C.E.G. m'ont beaucoup apporté. Il y avait la maison, la famille, et l'école, les copains. J'apprenais la liberté. J'apprenais aussi à m'organiser. J'étais chahuteur mais voulais, néanmoins, rester un bon élève. Je préparais mon travail à l'avance, pendant l'étude, d'une semaine sur l'autre.

A l'étude, je m'appliquais. La pionne qui nous surveillait était souvent rejointe par un autre pion, et ils sortaient dans le couloir, à l'abri des regards. Les couloirs étaient sombres, vides, avec quelques manteaux, vestes, anoraks accrochés aux portemanteaux. A cette heure tardive, il y avait peu de bruit, sinon parfois le claquement de talons du surgé. A cette annonce, la classe devenait encore plus calme, et les élèves baissaient le nez vers un livre, un devoir, parfois une punition.

— Sabatier, deux heures de colle !

Combien de fois ne l'ai-je pas entendue, cette sentence, et malgré cela je protestais.

— Ça fera quatre !

Les collés étaient toujours les mêmes. Les graines de voyou... Compagnons d'infortune et de fous rires. J'étais plutôt rigolard, avec mes petits cheveux bien propres, mes éternelles culottes courtes, et mes pulls aux couleurs trop vives.

Dans cette salle d'étude, éclairée par une lampe sur

deux, comme dans toute l'enceinte du C.E.G., protégée par de hauts murs, je me sentais bien. Je retrouvais quelque chose d'une cellule familiale, un cocon.

La cloche sonnait : 18 heures, je rangeais lentement mes affaires. Presque à regret, je quittais la salle en traînant les pieds. Une fois dehors, j'avais hâte de retourner à la maison.

Mon père rentrait après moi, fourbu, et parlait peu de sa journée de travail. Il se plaignait du temps gris, du froid, ou de la chaleur, et moi, je racontais les merveilles des sciences naturelles devant un public qu'il fallait convaincre.

— Tu nous fatigues, disait mon frère.

— Mais non, disait ma mère, avec beaucoup d'indulgence.

Elle me passait la main dans les cheveux, et poursuivait :

— La soupe va refroidir.

Mon père écoutait le journal parlé. Il ne laissait pas voir ses sentiments mais était clairement de gauche, pour une justice sociale, sans avoir à se justifier. Ma mère lui donnait raison. Mon frère et moi aussi. Mon père était droit, honnête, travailleur, et il ne pouvait pas se tromper.

Après le repas, il n'était plus question de me remettre à mes devoirs. Je travaillais vite, et assez bien pour m'éviter d'être débordé le lundi matin, ou obligé de travailler le dimanche.

Le dimanche, je faisais la course avec Rousseau, sur nos vélos respectifs, dans les allées du bois de Vincennes.

Les vacances étaient formidables. Très vite je suis parti en colonie, avec Rousseau et quelques amis. La première fois, ce fut à l'Alpe-d'Huez, sous l'égide de l'abbé Gaillard.

Je n'étais pas prévu dans le groupe, n'étant pas catholique, ni baptisé, ni très proche de cet abbé rondouillard, coiffé en brosse, qui menait son monde à la baguette. « On lui donnerait le Bon Dieu sans confession », disait ma mère, parlant du saint homme...

Je voulais partir, comme Rousseau, comme mes copains. Découvrir la montagne et les vacances sans parents.

— S'il reste une place, on prend Patrick, avait dit l'abbé à ma mère.

La chance était avec moi. Il en fut souvent ainsi, dans ma vie. La chance, cela signifie aussi être là quand il le faut, faire preuve de persévérance.

Nous sommes partis en car, le soir, peu de temps avant Noël. Ma mère avait fait ma valise, elle y avait fourré tous les pulls et vêtements chauds que j'avais et m'avait fait toutes les recommandations d'usage. La personnalité de l'abbé était faite pour la rassurer, mais elle craignait que mes copains et moi, lâchés en pleine montagne, ne fussions des éléments de trouble au sein d'une aussi paisible nature.

Elle avait raison. Ce furent des jours débridés, la découverte de la liberté, l'apprentissage du groupe, la connaissance des rapports sociaux. Nous n'avions pas tous les mêmes moyens. Mais cela importait peu. Je n'avais pas d'argent, pas de fuseau, mais j'aimais envoyer des cartes postales pour exprimer ma joie, damer les pistes le matin, être le soir à la veillée, et j'aimais même le catéchisme, auquel je ne comprenais pourtant rien.

L'abbé Gaillard était un brave homme, avec un cœur gros comme ça, qui se mettait facilement en colère :

— Patrick, ta douche !

Je filais doux, et devant mon air apeuré, il se radoucissait :

— Prends-la maintenant, veux-tu ?

Nous étions au moins trente, dans ces douches, à nous asperger mutuellement. Elles devinrent un plaisir, comme les corvées de vaisselle, parce que nous étions ensemble, et je découvrais la neige, la montagne, et la camaraderie inconditionnelle.

Par la suite, j'ai été moniteur, à dix-huit ans, et j'ai retrouvé le même plaisir, multiplié parce que j'animais les veillées et qu'il y avait des filles !

En quatrième, je portais toujours des culottes courtes, en velours bleu marine de préférence, comme les scouts. Ma mère assurait qu'il fallait mettre ces jambes-là au grand air ! Mes copains portaient déjà des blue-jeans ; ils n'étaient pas plus délurés pour autant.

L'âge bête existe, je l'ai rencontré, j'en connais même qui n'en sont jamais sortis... Notre prof d'espagnol nous faisait ricaner, parce qu'elle avait des seins énormes, dignes d'un concours agricole. Nous n'avions jamais vu ça. Elle avait vite été surnommée « miss Pecho », mademoiselle Poitrine. Quand elle passait à notre hauteur, dans les rangées, nous ne pouvions nous empêcher de coller nos yeux à son corsage. La péninsule Ibérique, c'était elle.

Nous regardions les filles avec des sentiments que nous croyions coupables, impurs. Nous allions même jusqu'à regarder leurs genoux, nous nous demandions entre nous si Sandrine aurait jamais de la poitrine, ou si ce n'était pas suspect que Marie-Laure en ait tant à treize ans. Nous cherchions, dans les magazines féminins, les réclames pour des sous-vêtements. Il fallait bien imaginer, puisque nous n'avions jamais rien vu...

Cela ne nous empêchait pas de mentir effrontément, sans vraiment nous convaincre les uns les autres.

— T'as déjà embrassé une fille, toi ?

— Tu rigoles ? Pas toi ?

— Moi ? Tu rigoles ?

— Qui ?

— Tu la connais pas...

Personne n'avait le bénéfice du doute, mais le fait d'en parler nous émoustillait. C'était une petite comédie que nous nous jouions.

Nous étions dix copains, sur quarante élèves, plus délurés, plus joueurs que les autres. Il y avait, entre autres, Montenac, toujours excité, déchaîné, les cheveux en brosse et les oreilles décollées, très rouges en hiver. Un jour, en troisième, nous avons appris que sa mère était morte. Montenac fut absent quelques jours. Il revint, un lundi matin, avec un peu de retard et un mot d'excuse que le prof de lettres ne regarda pas. Il accompagna de la main, puis du regard, Montenac jusqu'à sa place, à côté de Rosenblum. Je n'avais jamais vu une classe aussi silencieuse. Montenac a sorti ses affaires, sans rien dire. Il était blême, et ses lèvres toutes blanches tremblaient. Il resta tout le cours les yeux dans le vide, sans pleurer, comme absent. Puis il est sorti, à l'interclasse, se ranger comme un puni dans un coin de la cour. Personne d'entre nous n'osa déranger sa peine, et peut-être avons-nous eu tort. Montenac, je ne l'ai plus jamais vu rire depuis.

Rosenblum avait toujours les mêmes chaussures éculées. Son père était marchand de chaussures, un très petit magasin qui ne marchait pas fort. Rosenblum n'aimait pas les chaussures. Il portait des lunettes, était grand, maigre, et, avant de répondre à une question, il disait toujours : « J'en suis pas sûr mais je pense que... peut-être... », ce qui déclenchait un rire général. Il était aussi capable de raconter les pires histoires drôles, qu'il tenait d'un cousin obsédé sexuel, disait-il sur un ton tragique. Il eut une méningite qui dura six mois. Nous ne savions pas vraiment ce que c'était, la méningite, mais cela avait forcément un rapport avec les méninges, c'était donc grave. Nous allions le voir, en bande, pour lui raconter la classe, et tout ce qu'il manquait, et ses parents restaient avec nous, nous offraient des gâteaux. Ils étaient drôles et chaleureux, une vraie famille, et nous sentions que Rosenblum ne pourrait qu'aller mieux.

Face à la maison Rosenblum, chaussures hommes, dames et enfants, sport et ville, il y avait la maison Firmin, B.O.F. Mme Firmin se tenait à son comptoir et comptait derrière ses lunettes la monnaie des clientes et celle qu'elle rendait. M. Firmin servait avec une fausse jovialité. Ceux-là avaient fait leur beurre et en étaient fiers. Ils nous le faisaient savoir. Ils avaient des principes, une étroitesse d'esprit redoutable.

Leur fils, Firmin junior, nous demandait parfois de venir chez lui. Il était dans notre classe, bien sûr, toujours pimpant, coquet, comme un petit marquis. Nous allions donc chez lui, et il nous recommandait de mettre les patins dès l'entrée. Dans sa chambre, il y avait une chaîne stéréo, des disques, et même des disques classiques, son placard à fringues, et tout son argent de poche. De l'argent ! Rousseau et moi n'avions jamais un sou en poche. Rousseau détestait Firmin, d'une haine réelle, et il voulait « le dégommer ». Plus tard, Firmin organisa quelques surprises-parties dans son garage, son père lui fournissant gratuitement les chips et le Pschitt (« orange pour toi, cher ange, pour moi, garçon, Pschitt citron »).

Les boums, dès la quatrième, prirent une importance déterminante dans notre vie, et dans la mienne en particulier.

Pour faire une boum, il fallait un local, d'abord. C'était chez les uns ou chez les autres, selon leurs parents ou la commodité des lieux. Chez Firmin, c'était le malaise. Nous préférions mon sous-sol, ou les garages de chez Rousseau ou Montenac.

A ma première boum, j'avais treize ans, c'était peu avant Noël. Les filles portaient des fuseaux, à cette époque, et de petites bottines. Elles cherchaient à se coiffer comme Sylvie Vartan, en se crêpant les cheveux. C'était un dimanche après-midi, dans le garage des parents de Rousseau. Je l'avais aidé à peindre les ampoules en bleu, rouge, vert, pour faire « boîte », à mettre du papier crépon sur les fenêtres. Chacun apporta ses disques, ayant pris soin d'inscrire son nom au milieu et sur les deux faces. Des rocks, des slows, des twists. J'avais troqué la culotte courte contre un vrai blue-jean, comme Johnny Hallyday, mais ma mère, pour faire plus correct, avait fait un pli et j'avais un peu honte de ce blue-jean protocolaire. Ma mère m'avait aussi recommandé de ne pas fumer. De toute façon, je ne fumais pas.

Rousseau fumait des Royales ou des Parisiennes, des P4, qu'on disait faites avec de vieux mégots. Nous attendions les autres dès 14 heures. Je surveillais avec anxiété le pli de mon jean neuf. Montenac, Firmin, Rosenblum, et les copains nous rejoignirent. Mais toujours pas de copines. Nous avions invité des filles du C.E.G. d'en face, que nous connaissions de vue, ou pour avoir échangé quelques mots, des sourires, et qui nous regardaient en riant avant de partir en courant comme des oiseaux effarouchés.

En attendant les filles, nous écoutons du rock. Arrivent enfin les deux premières, pas très fières, qui nous serrent la main en se reculant le plus possible. Tout de suite, je propose les chips, le Coca, le Pschitt, comme si j'étais le maître de maison. Je suis tellement affairé que je les fais rire, sans le vouloir, bien sûr. Je leur montre aussitôt les affiches sur les murs, et les photos découpées dans *Salut les copains*. Je ne pense plus du tout au pli de mon jean.

Les autres filles entrent, suivies d'autres garçons, des inconnus, et je continue à mettre les disques, on danse. On hésite, on fait ses choix, on se rabat sur une plus moche, on essaie la plus belle le slow d'après, et... je réussis. J'embrasse la cousine d'une voisine, une brune qui portait une robe rouge et qui m'écrasait les pieds en dansant. On parle, aussi.

— T'es pas au C.E.G., toi ?

— Non, j'habite à Paris, dit-elle.

— Ah oui, j'y habitais, avant.

— Tu vas souvent en boum ?

Je n'hésite pas :

— Quelquefois, mais plutôt avec mon frère aîné.

Elle reste songeuse. Puis sourit. Et me prend par le cou pour m'embrasser encore. Ce sont des baisers très chastes, bouche fermée, qui font *smac !* On est ensemble dans un coin, sur des chaises pliantes. C'est l'extase. Montenac, qui est grand, est avec une petite boulotte qui lui arrive sous le bras. Il a les oreilles toutes rouges.

Je suis fier comme Artaban, ma copine a de la classe, et je l'emmène danser au milieu de la piste sur *Et j'entends siffler le train*.

Rousseau trouve le temps de me glisser à l'oreille :

— Elle n'est pas un peu bêcheuse ?

— Pas du tout, tu vois bien.

Je rapporte un Coca et du saucisson à ma copine. Mon flirt. Et elle me sort :

— Pourquoi tu as un pli à ton blue-jean ?

Je baisse les yeux, atterré. La magie est rompue, les filles ne pensent qu'à faire souffrir les garçons et que *c'est triste un train qui siffle dans la nuit.* Je dois avoir l'air si malheureux qu'elle ajoute :

— Tu as raison, ça a plus de classe.

Je ne l'ai jamais revue, cette fillette dont j'ai oublié le prénom et la couleur des yeux, mais ces quelques mots restent gravés dans mon cœur.

11

Un frère pour la vie

Nous étions tous les quatre à table devant un bœuf aux carottes savamment mitonné, et nous étions tous remarquablement silencieux. Jacky jouait avec son verre vide sur la toile cirée. Il semblait préoccupé. Tout en observant la rotation de son verre, il nous déclara :

— J'ai une nouvelle à vous apprendre.

Nos regards se tournèrent vers lui. Il ne leva pas les yeux. Ma mère soupira. Mon père posa sa main sur celle de ma mère, très affectueusement, et dit, comme si cela allait de soi :

— Je crois que Jacky va nous quitter. N'est-ce pas, Jacques ?

— Vous quitter ? Je ne vous quitterai jamais, mais c'est vrai, je vais épouser Colette.

Nous connaissions Colette, qui venait souvent à la maison. Nous l'aimions tous. Elle était simple et jolie, vivante et stable. Elle tranquillisait Jacky, et lui parlait comme nous n'avions jamais su le faire. Elle était déjà la sœur que je n'avais pas eue.

Ma mère écrasa quand même une larme sur sa joue et disparut dans la cuisine. Mon père servit un verre de vin à Jacky, autant pour faire cesser le mouvement du verre que pour célébrer la nouvelle. Jacky suivit ma mère dans la cuisine, il dut la prendre dans ses bras, sans rien dire, et l'embrasser tendrement. Ils revinrent en se tenant par le bras comme s'ils entraient dans la mairie.

— C'est pour quand, cet événement ? demanda mon père.

— Mars, répondit Jacky.

On en resta là. Je n'avais pas dit un mot. Je regardais simplement mon grand frère, avec admiration, et je savais qu'il allait me manquer. Un morceau de nous quatre s'en allait. Je n'avais plus faim. Je n'étais pas étonné que mon frère voulût se marier ; il était fait pour une vie stable, avec des enfants, une bonne épouse, un bon travail. C'était ainsi qu'il pourrait s'épanouir et donner le meilleur de lui-même.

Je me rappelais la première fois où il avait amené Colette à la maison. C'était aussi la première fois que je la voyais. Je l'avais trouvée très grande. Elle était brune, douce et mûre à la fois, et portait une veste trois quarts et une jupe. On se doutait bien que l'affaire était sérieuse, mon frère était trop visiblement amoureux. Il a simplement dit : « Voilà, c'est Colette. » Et il était tellement heureux en prononçant ce prénom que j'ai eu immédiatement envie qu'elle soit ma sœur.

Il avait connu sa fiancée par le « dess' duss' », en fait. Il était dans une école de garçons, elle dans une école de filles, et les deux écoles avaient organisé une sortie à l'occasion du passage de Gilbert Bécaud à l'Olympia. Ils n'avaient pas cassé de chaises car « Monsieur 100 000 volts » et sa cravate à pois déménageaient moins que les Rolling Stones en 1966. Ils étaient sortis sagement par deux issues différentes et s'étaient retrouvés, par hasard, côte à côte. Ils devaient rester ainsi toute leur vie.

Le mariage fut une fête joyeuse et émouvante, qui ne connut qu'un incident, mineur. Nous nous étions levés de bonne heure, pour nous rendre à la mairie d'Ivry-sur-

Seine. Chacun s'était fait beau, à sa manière. Au moment de partir, ma mère me dévisage et me lance :

— Tu gardes ça aux pieds ?

« Ça », c'était des Clarks, celles que je portais tous les jours, les seules chaussures portables en 1967 . Je n'avais pas de beaux boots anglais comme Tonnelier, moi. Je ne sais pas pourquoi, mais je me suis obstiné à garder mes Clarks aux pieds. Allez donc savoir où l'on va chercher son identité ! Ma mère, et cela me semble normal aujourd'hui, voulait absolument que je change de chaussures :

— Non, pas les Clarks.

— Si, les Clarks.

J'ai eu l'impression d'être le grand vainqueur en les gardant. Aujourd'hui, je suis sûr d'avoir été le parfait imbécile qui n'aurait pas hésité à gâcher une partie du mariage de son frère pour une paire de chaussures.

C'est donc en Clarks que je vis les noces de mon frère Jacky et de Colette. J'étais ému, mais je sentais toutes les trente secondes les regards désapprobateurs de ma mère.

J'entretiens, aujourd'hui encore, avec Jacky, des rapports très discrets, très secrets, ineffaçables, à l'épreuve du temps.

Il mesure environ un mètre soixante-quinze et est plus musclé, plus large que moi. Il porte une barbe brune, sans doute pour compenser une légère calvitie. Il a trente-huit ans, et il fut pour mes parents l'enfant du bonheur, puisqu'ils se sont mariés après sa naissance...

Ingénieur-conseil, il est très loin des milieux du show-business et de la télévision. Quand on ne nous connaît pas, on ne peut guère savoir combien nous sommes liés par notre passé. On ne vit pas dix ans dans une même pièce, en dormant dans le même lit, sans se connaître parfaitement, même si la vie doit forcément vous séparer un jour.

Très réservé, comme mon père, il a toujours été sensible aux êtres et aux choses. Il vit énormément pour ceux qu'il aime, qui l'entourent, et ne fait rien sans faire passer les autres avant lui. C'est la générosité même, et il n'a jamais pris ombrage de ma notoriété. Nous parlons clairement de tout, et sans être toujours d'accord, mais il y a en lui une persévérance, une obstination, un engagement à rendre les siens heureux, et ses enfants d'abord, bien sûr, Pascal et Benjamin, que j'admire. Il n'est pas un « père poule », mais un père attentif, bienveillant.

Pendant très longtemps, et jusqu'à il y a encore quelques années, Jacky était vraiment mon grand frère, comme dans l'enfance, où seules les années nous séparaient. Quand j'étais mal, il savait venir et être là. Maintenant encore.

Un jour, j'ai cru qu'il me sauvait d'une mort certaine. Je n'avais guère plus de cinq ans. J'étais allé chercher un copain qui habitait au rez-de-chaussée dans une cour, et la fenêtre de la cuisine de ses parents donnait sur une cave à charbon fermée par une trappe à deux battants. Je frappe à la fenêtre, j'attends, et, comme le copain ne vient pas, je saute, je saute, et les battants s'ouvrent... Je tombe dans la cave à charbon, comme sur un toboggan de boulets et de suie, dévale cinq mètres et me retrouve dans ce puits sombre, incapable de remonter la pente trop lisse. Je n'ai su que crier sans cesse : « Jacky, au secours ! Jacky, au secours ! » Il n'était pas loin, comme par hasard, comme s'il devait toujours être là pour m'aider. Il est descendu, m'a remonté tout noir de suie, et il m'est apparu comme le plus grand des héros.

Plus tard, il avait à peine dix-sept ans, et allait souvent jouer au flipper dans un tabac qui s'appelait *A l'Arrivée,* face à la gare d'Austerlitz. Il écoutait *O Daniela* des Chaussettes noires sur un juke-box d'époque. Mais il n'avait pas l'autorisation. Par jalousie, gratuitement, je l'ai dénoncé, peut-être aussi parce qu'il me délaissait pour ses copains. Mon père m'a demandé :

— Mais où est Jacky ? Il t'a laissé tout seul ?

— Il est au café.

J'étais très conscient de ce que je faisais. Mon père, d'un pas décidé, a pris la direction du café, et je l'ai suivi. Il est entré dans le café et a envoyé une paire de gifles à mon frère devant tous ses copains du même âge. Il l'a empoigné par le bras, l'a soulevé de terre, blanc de rage, et l'a fait sortir prestement. Mon frère ne m'en a jamais voulu. Je n'en avais que plus de peine et de honte.

12

Premier amour

C'est en mars 1967 que je rencontre Dominique. Je viens de quitter Monique, ou, plutôt, Monique vient de me quitter pour mon copain Jean-Yves... Je suis libre comme l'air. L'air du temps est à la liberté.

J'apprends que le bal annuel du lycée Romain-Rolland a lieu le lendemain, un samedi. Je veux être de tous les bals, de toutes les fêtes. Je veux m'amuser. Nul doute qu'à ce bal il y aura un maximum de musique et de filles. Le problème est que je ne sors jamais le soir. Mes parents me font confiance, bien sûr, mais on ne sait jamais.

— Mais m'man, dis-je, tu me connais, il ne m'arrivera rien.

— Qu'est-ce que c'est, ce bal, dans un lycée qui n'est même pas le tien ?

— C'est un bal avec les profs, les élèves, il n'y aura pas de voyous, c'est juste pour danser, s'amuser.

— S'amuser ! Tu n'as que ce mot-là à la bouche.

— Oh, m'man... ! suppliai-je.

— Demande à ton père. Et puis essaie quand même de comprendre que des études, ça coûte. Nous n'avons pas les moyens de te faire redoubler.

Je cours demander à mon père. Il est occupé à ranger des factures dans un classeur. Très méticuleux, il tient à ce que chaque chose soit à sa place.

— P'pa, je peux aller à une fête de lycée, ce soir ? Il y aura un orchestre, des profs, des copains.

— Qu'en dit ta mère ?

— Je crois qu'elle veut bien.

— Tu crois ou elle veut bien ? Et puis, qu'est-ce que c'est que cette envie de sortir le soir, en pleine année scolaire ?

— C'est juste pour me détendre, prendre un peu de bon temps. Ça me fera du bien de voir des gens.

— Eh bien, vois des gens, mais n'oublie pas que ta mère se fait du souci pour toi. Et rentre à minuit, pas plus tard.

— Je te le promets !

C'était très important, ce bal, sans que j'en sache exactement la raison. Peut-être avais-je envie d'oublier Monique, ou de me mêler à une foule d'inconnus, des gens nouveaux, et d'y prouver mes talents. Le lycée Romain-Rolland avait très bonne réputation. Les filles y étaient-elles plus belles qu'ailleurs ?

— Ne cours pas comme ça, me dit ma mère, attends au moins que je donne un coup de fer à ton pantalon.

Ce n'était pas un blue-jean...

Le lycée Romain-Rolland n'était qu'à un quart d'heure de Solex. Le bal avait lieu dans une grande salle décorée comme une salle des fêtes. En fait, c'était un gymnase, aménagé, enguirlandé, très éclairé, presque trop. De l'extérieur on entendait la musique et les clameurs.

Il y avait au moins trois cents personnes, que je ne connaissais pas. Je restai quelques instants à l'entrée, ne sachant vers où me diriger, cherchant des visages connus. L'orchestre, une petite formation locale, tenait visiblement à chauffer l'ambiance. Au plafond, il y avait quelques lampions, et sur le parquet vert, les lignes blanches d'un terrain de basket.

Je m'adosse à un mur, les mains dans les poches, le temps de prendre la température de l'assistance. La drague va bon train. Il y a des filles plutôt mignonnes. Soudain, elles n'existent plus : je remarque, derrière une foule de gens, deux grands yeux verts, des cheveux noirs qui ont, au rythme de la musique, un mouvement de vagues. Je ne peux détacher mon regard de ces yeux, lumineux, et de ces cheveux si noirs. Et ces yeux soudain me regardent. Me fixent. Et la fille arrête de danser. Je traverse la salle, évitant les couples qui dansent avec frénésie, leurs dos, leurs pieds, leurs cheveux qui volent. J'arrive jusqu'à la fille, les yeux dans les yeux. Elle sourit.

— Tu t'ennuies ? demande-t-elle.

Je fais oui de la tête et l'invite à danser. C'est la période des slows bien langoureux. Je l'enlace, et nous tournons sur la piste, sans rien dire, mais de plus en plus fort serrés l'un contre l'autre. Elle pose sa tête contre mon épaule, et il ne se passe rien, sinon beaucoup de choses dans ma tête et mon cœur, qui bat à tout rompre.

Quand le dernier slow s'achève, je lui prends la main et lui ordonne, tout en la suppliant :

— Reste avec moi, danse avec moi.

J'ai la chance d'être bon danseur. C'est très utile, avec les filles, et pour soi-même. Je suis obligé de hurler, pour couvrir la musique :

— Comment tu t'appelles ?

— Dominique, et toi ?

— Patrick Sabatier.

— Patrick comment ?

— Viens...

Je l'arrache au cercle des danseurs, je l'emmène à l'écart.

— On sort ? Allons faire un tour.

J'étais — et je reste — incapable d'embrasser une fille

en public. Nous sortons, faisons quelques pas, main dans la main, sans oser parler, de peur de briser le charme. Je sais cet instant magique. Je cherche des étoiles dans le ciel, pour dire une banalité réconfortante, mais rien. J'observe Dominique. Elle porte un pantalon de velours noir, un pull rouge en V. Elle est belle. Qu'une telle fille soit là, dans la cour du lycée Romain-Rolland, avec moi, me semble à la fois naturel et prodigieux. On sort du lycée, et on s'embrasse, comme des fous, comme si on venait d'inventer le flirt.

Mais il restait une réalité. L'heure. J'ai toujours été l'esclave des horaires, je m'y suis toujours tenu. Il fallait que je rentre à minuit tapant, avant que mon Solex ne devienne citrouille... Elle, la chanceuse, pouvait rester jusqu'à 2 heures du matin, chaperonnée par sa sœur Michèle. J'aurais eu l'air idiot si j'avais dit que mes parents m'accordaient juste la permission de minuit.

— Je dois rentrer, dis-je, malheureux.

— Déjà ?

Je l'embrasse avec plus d'ardeur encore, pour lui prouver mon désarroi.

— Oui, je pars en week-end demain avec mon frère, on part tôt, mais on peut se revoir lundi.

J'avais improvisé dans la panique. Pas question de perdre la face. Dominique, heureusement, était très compréhensive. Après un dernier baiser j'ai enfourché mon Solex, et je me suis éloigné en chantant à tue-tête dans les rues désertes de Vitry-sur-Seine.

Je suis rentré chez moi en tournant fort la clef dans la serrure, pour faire remarquer mon exactitude.

— C'est toi, Patrick ? a dit ma mère.

— Bonne nuit, maman.

Ce fut une nuit merveilleuse. Mon frère dormait à poings fermés, je rêvais en souriant. J'avais quinze ans et j'étais amoureux de la plus belle fille du monde.

Le lendemain, pas question de week-end. Je m'enferme d'abord dans la cave et j'écoute mes disques préférés, j'enregistre des bandes, je déclare mon amour. Ma mère me trouve bien en forme pour quelqu'un qui s'est couché tard.

Dimanche. Le jour des croissants le matin et du Roméo Club l'après-midi. Un jour tranquille, en somme. Je n'avais aucune envie d'aller traîner mes boots au Roméo. J'avais Dominique et ne voulais pas rester loin d'elle, même si je ne la voyais pas. Il ne fallait surtout pas que je la voie, puisque j'étais censé être parti pour le week-end, avec mon frère, qui ne s'en doutait pas.

J'aime rester près des gens que j'aime, et même si l'on ne se voit pas pendant quinze jours, il est important pour moi qu'ils soient à portée de voix, ou dans l'immeuble d'à côté, plutôt qu'aux antipodes. Ce n'est pas de la jalousie, mais la présence, même muette, même invisible, de quelqu'un que j'aime m'aide à serrer plus fort dans mes bras cet accessible amour.

Pas question de Roméo Club, de boulevard Saint-Germain, de Paris. Je reste à Vitry. Mais je rencontre, en sortant acheter du pain, Caro, une copine, qui me dit qu'il y a une fête, une boum chez Dedef', une célébrité de notre banlieue. Je ne suis jamais allé chez Dedef'. Je sais juste qu'il organise chez lui, au Kremlin-Bicêtre, les meilleures boums de la banlieue, tous les dimanches après-midi, quand ses parents vont, chacun de son côté, retrouver des amours adultères. Dedef' se moque de ses vieux. Il est plutôt cynique, fait payer le Coca, l'entrée, et il assure pouvoir recevoir cent personnes.

Caro me fait du plat. On s'était connus en cinquième, au C.E.G., puis elle m'a vu plus tard avec Monique, sa copine. Je me moque éperdument de Caro, je suis amoureux de Dominique. Et être au Kremlin-Bicêtre, à s'amuser et écouter de la bonne musique, c'est mieux que de s'ennuyer à Vitry.

J'accepte. L'après-midi, quand j'arrive chez Dedef', c'est déjà la joie, l'ambiance. On flirte beaucoup. On s'amuse. Caro est déjà là, avec un gros garçon vulgaire. Elle me voit et s'excuse d'un regard, en me faisant signe : « A plus tard. » Dedef' organise bien ses boums, les surveille, et n'entre pas qui veut. On me connaît de réputation. Je suis l'ami de plusieurs filles qui sont là. Certaines sont belles, et je me dis qu'il fut un temps où je me serais laissé tenter. Mais j'aime Dominique. Et je vois Dominique.

D'une part, elle embrasse un type que je ne connais pas — décidément, je n'ai pas de chance — et, d'autre part, je ne devrais pas être là. Elle se cache, je me cache. Je remarque quand même qu'elle est habillée comme vendredi soir. J'aime ce pantalon, ce pull. J'aime Dominique. Alors la rage me prend, et j'enlève brutalement Dominique à son flirt.

— Ça ne va pas ? demande le type.

— Laisse tomber, dis-je.

— C'est un ami, dit-elle, en me prenant la main.

Je l'entraîne à l'écart, et Dedef' calme l'énergumène qui veut me voler ma cavalière d'avant-hier. Dominique sourit, puis grimace.

— Et ton week-end ?

— Tombé à l'eau. Mon frère est malade. On ne sait pas ce qu'il a. Le médecin a vu que j'étais contrarié, et il m'a conseillé de me changer les idées, je connais bien Dedef', alors je suis passé par là, écouter de la musique.

— L'autre, c'est juste un copain, me dit Dominique.

— Tu n'as plus besoin de copains, maintenant, tu m'as, moi. Tu comprends ça ?

Et le plus fort, c'est qu'elle comprit. Nous sommes partis de chez Dedef' et nous avons traîné devant un café froid, dans des bistrots minables du Kremlin-Bicêtre. Nous nous embrassions sans pouvoir éviter les regards. Le soir, nous nous sommes quittés sur un dernier baiser. Mais nous savions que nous allions nous revoir souvent, beaucoup plus que souvent, pour toujours. Nous n'en doutions pas.

Quand on entendit parler du Mouvement du 22 mars, et d'un certain Cohn-Bendit, on était déjà en avril, en pleine agitation. J'avais dix-sept ans. Mai 68 explosa dans nos vies. Les profs, les adultes étaient décontenancés. Nous, nous réclamions le droit à la parole. C'est un droit qui reste très important pour moi...

Les tracts avaient circulé dès avril. Mon père, qui allait aux Halles chaque matin, sentait les choses venir.

— Ça va chauffer, se contentait-il de dire.

Les lycées, soudain, se mettent en grève, les universités ouvrent leurs portes, les étudiants sont dans la rue Gay-Lussac, sur le Boul' Mich'. Au lycée Jean-Macé, à Vitry, on s'organise. On occupe le terrain, on se partage les fonctions. Jean-Yves, l'anar, voit son rôle grossir, son influence augmenter. Moi, je reste un rigolo. Je vois dans ces événements une grande fête, une kermesse, un spectacle, même si, gravement, mon père déclare que c'est la guerre. Il se rappelle, et nous rappelle, les grandes heures du Front populaire.

Un prof réunit autour de lui les éléments les plus vivaces du lycée. Il faut foncer. Ce prof, qui ressemble autant à Trotski qu'au Professeur Tournesol, a un charisme certain ; il est engagé, investi d'une mission, il y croit. Il ne s'agit pas pour lui de flancher...

Je prends chaque jour mon Solex pour aller à la

Sorbonne voir les « Katangais », et surtout le spectacle du Boul' Mich'. Danses, chants, pantomimes, c'est vraiment la foire, la fête foraine et la liberté. J'écoute la radio avec de plus en plus d'intérêt, les flashes d'information. Les voitures émettrices sillonnent Paris. On parle de morts à Flins.

— Tu fais ce que tu veux, me dit ma mère, mais à 8 heures tu rentres à la maison. Nous, on ne veut rien t'interdire, on a confiance, mais garde le cap.

Dans le lycée, nous sommes les rois. Trotski-Tournesol a rassemblé autour de lui les plus belles filles, raison de plus pour le suivre. Nous flirtons dans les classes, le monde et les filles sont à nous. Vitry est en fête. Nous sommes heureux. Plus d'horaires, plus d'interdits, nous fumons devant les profs. Je participe à la Croix-Rouge étudiante, je participe à toute l'agitation, j'anime des débats.

Dominique et moi sommes en froid, plus que cela, brouillés. Elle ne se mêle pas à la grande fête du printemps et du défoulement, ce mai qu'on n'a pas oublié. Elle reste chez elle. Je me venge en allant avec d'autres filles, qui ne m'intéressent pourtant guère.

Un après-midi, dans une salle de classe, je flirte avec une copine. En toute quiétude. Un prof nous surprend. Je l'envoie balader vertement, puisqu' « il est interdit d'interdire »... Il m'expédie dans le bureau d'à côté, où se trouve une des surveillantes du lycée.

Elle a trente-cinq ans, les cheveux courts, des lunettes, un tailleur strict, des escarpins à talons aiguilles et elle fume des gitanes filtre, en rejetant la fumée par les narines. C'est une dame qui m'en impose. Je reste muet devant elle, debout, sans rien oser dire. Elle me reproche ma conduite fantaisiste et irresponsable, en un temps où tout le monde doit se mobiliser. Bien sûr, elle est de gauche, comme tout un chacun dans le lycée Jean-

Macé de Vitry, banlieue rouge. Elle me congédie sans autre forme de procès, après avoir essuyé ses lunettes.

Dans le couloir jonché de tracts, de mégots et où des groupes épars tiennent des conseils de guerre, je suis abasourdi sans trop savoir pourquoi.

Un soir, à 21 heures, je reviens occuper le lycée en mangeant des sandwiches au jambon. Les plus actifs sont là, dont ma surveillante. Elle n'est plus ce modèle de vertu qui me sermonnait derrière ses lunettes, mais une pasionaria, qui me trouble énormément. Comme elle me le dira elle-même, « ce qui ne devait pas arriver arriva »...

Et je me retrouvai chez elle, dans son lit, sans être plus étonné que ça. C'était Mai 68, et tout était possible et permis. Elle était délicate, gentille, mais capable de passion, de colères soudaines, d'enthousiasme révolutionnaire !

Je participais aux manifs, avec entrain et inconscience. Les C.R.S. nous poursuivaient dans les petites rues — la Huchette, Saint-Séverin —, il fallait grimper aux étages, réclamer l'asile aux riverains, nous avions peur et nous trouvions cela bien drôle, en même temps. Ce n'était pas la guerre ; c'était un jeu.

Qui dura le temps que l'on sait...

Mai 68 passa, mais ma surveillante s'entícha de moi. Vinrent les vacances, et elle décida de m'emmener avec elle chez son copain Trotski-Tournesol, qui avait une maison dans l'Ardèche. Il était post-soixante-huitard avant l'heure, déjà prêt à se reconvertir dans l'élevage de brebis et la vente de fromages, à découvrir la vraie vie au sein d'une nature plus naturelle qu'une boutique biologique.

Pour moi, ce n'est pas si simple : il faut que ma

surveillante aille voir mon père pour obtenir son autorisation. Elle était le chef, après tout.

Je suis dans mes petits souliers. Mon père hausse les épaules et déclare que je suis libre. Il conclut : « Ça durera ce que ça durera ! »

Et nous partons pour l'Ardèche, le Bois de Paillolive, chez Trotski-Tournesol, en Renault 4 lambinante. Nous ne sommes pas pressés, je me laisse conduire, et je me sens fort, sinon vraiment fier. Je découvre l'Ardèche, les gorges, les vieilles maisons et une nouvelle forme de colonie de vacances. Trotski-Tournesol est un organisateur de la désorganisation, notre communauté connaît des hauts et des bas, et la jeune maîtresse de Trotski — une de ses étudiantes — me drague ouvertement. Ne sommes-nous pas libérés ? Non. Trotski ne l'entend pas ainsi et pique une colère noire, la liberté a ses limites, la jalousie n'en a pas. Il se déconsidère à mes yeux, et je deviens dans le groupe le vilain petit canard. Je me lasse de l'Ardèche, des vieilles ruines, et de ma surveillante. Je repense de plus en plus à Dominique. Je vais souvent me promener seul, dans la campagne, ou je descends en auto-stop au village trouver un peu d'animation.

Le temps me paraît long. Mes copains me manquent. Le voyage de retour est glacial, et, quand ma surveillante me dépose devant chez moi, notre histoire d'amour est finie. Je ne sais pas si elle a été une véritable histoire d'amour ou une éducation sentimentale… ou ni l'une ni l'autre.

13

Je me voyais déjà…

Pour faire de la radio, même tout seul dans ma cave, il me faut du matériel. Pas du vrai matériel de pro, bien sûr, mais au moins un électrophone et un magnéto. Tout cela coûte cher, et je n'ai pas d'argent. Je dois travailler pendant les vacances pour en gagner.

Grâce à un voisin, j'entre le 1er juillet au Crédit lyonnais, rue de Richelieu. C'est un immeuble sévère à l'intérieur duquel on ne s'amuse guère. J'ai une cravate, un petit costume, gris, et je découvre un monde étrange. Chacun a son rôle précis, et il y a des chefs partout, qui vous surveillent.

Je suis d'abord déboussolé, et je fais bêtement un travail bête : je trie les effets qui circulent entre les banques. J'ai un petit bureau, dans un coin d'une grande pièce sombre, où s'agitent des secrétaires qui arrivent avec les yeux cernés et repartent avec les yeux battus. Elles trouvent néanmoins le courage d'être toujours poudrées, coquettes, souriantes. On ne me donne pas du « monsieur », on m'appelle par mon prénom, et peu à peu je m'habitue à cette ambiance, sinon à mon travail. Je n'ai pas de manches de lustrine, mais presque ; j'ai un petit pouce en plastique mou pour feuilleter convenablement toute ma paperasse.

Je remarque que les femmes qui travaillent avec moi

vont rarement au restaurant à midi et préfèrent manger au lance-pierres un plat acheté chez le traiteur. Entre elles, elles parlent des Beatles, d'Antoine, de Johnny, de Claude François. Elles sont chacune la groupie d'une idole. Il me vient une idée pour meubler cette heure de table que nous ne passons pas à table : je vais animer la banque !

Sans doute la pesanteur du système y est-elle pour beaucoup, j'ai envie de ruer dans les brancards. C'est l'été, il fait beau et nous sommes condamnés aux travaux forcés. Autant essayer de s'amuser un peu.

Je demande à mes collègues féminines d'apprendre des chansons, celles qu'elles veulent, et, à l'heure du déjeuner, j'organise un supercrochet, avec sept ou huit d'entre elles. Dans un premier temps, elles hésitent. Que dira le chef de service ? Ne seront-elles pas ridicules ? Est-ce bien raisonnable ? Je les convaincs aisément en leur assurant que, l'été, tout est permis, et surtout la gaieté. L'idée les amuse.

Le jour J arrive. J'ai dans les mains un micro imaginaire, et je me démène comme un bateleur sur la place publique. Je présente Annette, Nicole, Marie-France... Et elles se lancent dans l'aventure. A la troisième chanson, je vois passer dans l'embrasure de la porte la mine renfrognée du chef de service. Il reste ainsi immobile, quelques secondes, avec sa tête de gargouille, puis disparaît, et le crochet se termine dans les rires et les applaudissements. Opération réussie, expérience à recommencer.

Le lendemain matin, en partant au travail, je suis beaucoup plus jovial que d'habitude. J'attends midi pour quitter mon rôle de grouillot et endosser l'habit de lumière du présentateur du supercrochet.

— Et maintenant, mesdames et messieurs, c'est

Babette qui va vous interpréter son grand succès : *Bébé requin !*

Et Babette chante en imitant France Gall et en se déhanchant sur le lino vert de la grande pièce devenue scène de music-hall. Durant une semaine, le supercrochet sera un succès, attirant de plus en plus de concurrentes et de public. Je deviens un phénomène. Mais le chef de service n'aime pas les phénomènes et, un jour, il entre, goguenard, alors que je suis debout sur mon bureau. Tout le monde se tait. Je me fige sans pouvoir descendre, surpris comme un mauvais élève faisant le pitre en l'absence du professeur. Mes collègues retournent à leurs bureaux respectifs, en gardant un œil sur moi, qui redescends de mon piédestal sans faire le fanfaron.

Mon chef de service s'avance vers moi et me dit :

— Monsieur Patrick Sabatier, vous n'êtes pas fait pour la banque.

Sur ce point, nous sommes d'accord, mais je reste coi.

— Votre séjour chez nous aura été bref, nous sommes contraints de nous passer de vos services... et de vos gesticulations qui n'ont pas lieu d'être ici. Vous monterez ce soir à la comptabilité.

Sur ce, il sort, très fier, ayant retrouvé tout son prestige de petit chef. Je retourne derrière mon bureau, remets mon petit pouce en plastique et me morfonds jusqu'à l'heure de la sortie. Mes collègues viennent me parler, m'entourent et me consolent.

Je me présente à la comptabilité, et reçois mon salaire en espèces, que je recompte sur le trottoir : j'ai de quoi m'offrir mon matériel. J'ai aussi de quoi me faire passer un savon par mon père.

Avenue Emile-Zola, je n'en mène pas large. Je pousse la grille sans conviction. La maison me semble bien vide, et l'attente bien longue. Quand mon père est de retour, je lui dis immédiatement :

— Papa, j'ai été viré de la banque.

Il me regarde gravement, puis déclare en souriant :

— Ecoute, à ton âge, j'avais déjà été viré vingt fois. Il t'en reste dix-neuf. Lave-toi les mains et viens manger.

Chaque mois de mai, à Vitry, avait lieu la fête des Lilas. On y célébrait les fleurs, les plus belles, et les plus belles filles. Je savais que c'était toujours le même présentateur aux plaisanteries éculées qui l'animait. J'avais l'impression de pouvoir faire mieux. Je me suis décidé, et j'ai demandé un rendez-vous au maire.

Il avait l'air important, mais était seul, dans un grand bureau vide, très ensoleillé. Il transpirait. On aurait dit un homme qui a besoin d'un demi bien frais mais qui ne peut aller le chercher, alors qu'il n'a rien à faire de plus urgent. Il était sympathique.

Son matériel de bureau, réduit à l'essentiel, était inversement proportionnel à son grade dans la hiérarchie. Il était content de me voir, il était content de voir quelqu'un d'autre que sa secrétaire.

Il a parlé de lui. Donc de tout et de rien. Je le soupçonnais de cacher sous ses fesses un album de bandes dessinées ou une revue pour adultes. Il n'avait pas l'air de savoir ce que je faisais là.

— Je m'appelle Patrick Sabatier, j'habite avenue Emile-Zola, chez mes parents, et je veux animer la fête des Lilas...

Il a posé ses lunettes et m'a dévisagé, presque hilare.

— Vous avez des références ?

— Maurice Favières, R.T.L., la radio, j'y suis connu comme le loup blanc.

Il s'amuse de plus en plus, sans en croire un mot. Je lui explique ce que doit être un présentateur. Il s'en moque. La fête n'est pas une affaire rentable, juste de prestige.

Je lui fais un show, je mime, je parle. Je le fais sortir de sa torpeur. Il est séduit, il m'accepte.

Il me demande combien je veux. Je ne veux rien d'autre que présenter. Je comprends que c'est un travail que je viens de décrocher. 500 francs. Au hasard. O.K. Affaire conclue.

Les chars fleuris défilaient, muguets, violettes, jonquilles. C'était un vrai printemps. Majorettes. Elles étaient un peu empruntées, et ne savaient pas toujours récupérer leur bâton, leur baguette. On avait élu la reine des Lilas, une blonde platinée, qui aurait pu faire carrière dans les feuilletons américains. Elle pavoisait. J'étais fou comme un lapin, je présentais les fleurs, les filles, M. le maire et toute la ville. Vitry, c'était Las Vegas. Les régions de France défilaient sur l'avenue principale, face à la mairie. J'annonçais la Provence et la Picardie. D'autres, pas loin et trop proches, faisaient des frites, des merguez, dans des odeurs de graillon écœurantes.

J'avais mis un costume bleu, une cravate à pois, comme Gilbert Bécaud, que je trouvais élégant à l'époque. « Monsieur 100 000 volts ».... J'étais survolté. Je bougeais, je dansais, et je m'y croyais, sur ma petite estrade en bois. Mes copains et les filles m'écoutaient, lançaient des reparties. Mes parents eux-mêmes sont venus me voir. Ils ont ri avec les autres à mes blagues, à mes jeux de mots tirés par les cheveux. J'étais sans doute très naïf, mais mon enthousiasme a passé, et cet enthousiasme, si je sais mieux l'apprivoiser aujourd'hui, il ne m'a jamais quitté.

L'été arriva. Le premier mois, je le passai avec Dominique, avec qui je m'étais rabiboché depuis longtemps. Mai était oublié et nos divergences avec. Nous étions moniteurs ensemble, à Saint-Georges-de-Didonne, et nous étions amoureux. Les gosses le savaient, et ils ricanaient en douce. Ils nous aimaient parce que nous savions les intéresser, les emmener en balade, animer les veillées et créer autour d'eux un univers de chaleur.

La plupart venaient de milieux défavorisés, étaient vêtus de trois fois rien, des gosses incultes, des adolescents chahuteurs, qui savaient devenir en une seconde des lutins magiques qui s'agitaient autour de nous. Nous les déguisions, les faisions rire, et nous savions rire avec eux.

Les nuits étaient encore plus belles que les journées. Nous étions ensemble, Dominique et moi, loin de tout. Libres.

Août fut une autre paire de manches. Fini la colo, la grande maison fraîche aux colonnades d'un autre temps, le parc, le ruisseau, les forêts, et les feux de bois, les jeux de piste et l'amour.

Je me retrouvais à Ivry, préparateur de commandes dans un entrepôt de produits cosmétiques Dior. Il y avait partout des cartons sur plusieurs niveaux. Le malheur voulait que je sois au niveau inférieur, et mon collègue, un robuste gaillard de cent kilos, au niveau supérieur. Il me balançait les cartons avec une détermination féroce, et j'en lâchais un sur deux, pour ne pas périr écrasé dans un entrepôt sinistre, sous des crèmes de beauté signées Dior.

— T'as rien dans les bras, hé ! me disait le gros en rigolant.

Il transpirait tout ce qu'il savait et éclusait pas mal de canettes de bière. Je m'efforçais de penser à autre chose, à Dominique, à la radio, au soleil qu'il faisait dehors et qui nous était interdit, et, plus je rêvais, plus je prenais de cartons sur la tête. Ça ne pouvait plus durer. Je me décidai à aller trouver le patron.

Il me reçut dans son petit bureau enfumé qui croulait sous la paperasse. Il était chétif, il toussait en rallumant ses mégots, et n'avait pas sur l'organisation du travail de théorie très précise.

— Voilà, dis-je fermement, ce travail me plaît, mais j'aimerais toucher à tout, varier, changer un peu de poste.

Je sautillais d'un pied sur l'autre, attendant sa réponse.

Il m'observa en roulant une cigarette, puis déclara :

— O.K., c'est bon, demain, ce sera vous le magasinier, on verra bien comment ça se passe. De toute façon ça ne peut pas être pis, ni mieux.

Je n'avais jamais vu un type aussi désabusé. Je sortis, soulagé, en entendant le chef s'époumoner dans son fumoir.

Le lendemain, j'étais en haut, le gros en bas, et je prenais un malin plaisir à jeter mes cartons le plus fort possible, et à dire, comme courroucé, agacé :

— Mais t'as rien dans les bras, hé !

J'avais déjà dix-huit ans. Après le bac, j'allais entrer en première année de sciences économiques, à la faculté de la rue d'Assas, réputée pour ses jeunes gens propres et ses fascistes musclés. Quitter le lycée et son ambiance feutrée, protectrice et amicale ne me faisait aucun plaisir. A Assas plus tard, je ne connaîtrai jamais grand-monde, je ne m'intéresserai jamais vraiment au programme, j'aurai ma licence en ne faisant que passer.

Un matin, après son émission, Favières me dit :

— Tu t'améliores, tu deviens mûr, si tu veux, j'ai des copains à I.P.

— I.P. ?

— Information et Publicité. Un des services de R.T.L. Ils cherchent des jeunes. T'es jeune, non ?

Je l'ai regardé. Je lui ai presque sauté au cou. Enfin, les choses bougeaient, se mettaient en place. Je ne sais pas vraiment pourquoi Maurice a fait tout cela pour moi, mais il l'a fait, dès le premier jour. Il avait peut-être remarqué, senti, compris que rien ne pourrait me faire changer de route, que je voulais vivre pour et par la radio. Il ne m'a jamais leurré, ni encouragé gratuitement, au contraire, il m'a toujours mis en garde contre les difficultés, les embûches du métier, et il m'a suivi, observé, conseillé.

Quelques jours plus tard, je rencontrais Geneviève Dornier, qui était à I.P., et avec qui je travaille encore aujourd'hui à R.T.L., où je connais maintenant les gens depuis vingt ans. C'est dire si je m'y sens chez moi.

Geneviève me demande de faire un essai. Il s'agit d'une promotion patronnée par R.T.L. Je suis emballé par cette idée, mais, en même temps, j'ai peur. Peur de mal faire, de m'être menti à moi-même, d'être un tricheur, de décevoir Maurice Favières et Geneviève. Le jour J arrive. Je me demande si c'est vraiment raisonnable d'y aller. Je me jette à l'eau.

Je me retrouve en costume-cravate, bien coiffé, bien sage, dans un magasin de meubles David, à Rueil-Malmaison. Avant d'entrer, je fume gitane sur gitane, ce qui n'est pas dans mes habitudes.

Il ne faut pas que je rate mon coup. On me présente au directeur du magasin comme si j'étais un professionnel confirmé.

Dans la journée, je passe plusieurs fois sur l'antenne de R.T.L., pour proposer des cadeaux. Je marche entre les canapés, je pose une question, du style : « Qu'est-ce qui a quatre pieds et deux bras ? » et si on répond : « Fauteuil », on gagne un magnifique fauteuil offert par le magasin David de Rueil-Malmaison.

— Je remercie le magasin David et R.T.L., répond l'heureux gagnant.

Cela n'est pas passionnant mais demande beaucoup de dynamisme et d'entrain. Il est plus facile d'annoncer une vedette qu'un fauteuil.

Le directeur, le soir, ne fait aucun commentaire. Je ne sais pas comment prendre ce silence qui n'en dit pas long. Je me jette dans la première cabine téléphonique et j'appelle Favières.

— Alors, c'était nul ?

— C'était très bien. Ça a plu à Geneviève et à moi.

— Ouf !

Je rentre annoncer la nouvelle à mes parents. Ils sont contents pour moi. Ils le montrent peu. Ils trouvent cela normal, bien, mais ils ne vont pas ouvrir une bouteille de champagne pour autant. Je viens de gagner un round, mais le match est loin d'être fini. Ils ne veulent pas que je me monte le bourrichon. En toutes circonstances il faut garder la tête froide, et droite.

Je ne garde pas la tête froide.

J'ai dix-huit ans. J'ai confiance en moi. Et je suis amoureux depuis presque trois ans de la même fille. Dominique vit à présent seule, rue Caulincourt, dans le XVIIIe arrondissement. Elle suit un stage rémunéré dans une école d'infirmières, et moi aussi, je sais gagner de l'argent. Je l'ai prouvé.

Je vais souvent la rejoindre, chez elle, sous les combles, au dernier étage, dans une chambre de bonne idyllique. Le lit n'est qu'un méchant matelas jeté par terre, sous une couverture marocaine. Les sièges : une chaise et un tapis. Le mobilier : un portemanteau et des cartons. Aux murs : des photos de nos vacances, des affiches de cinéma.

Elle me tarabuste souvent pour que je reste avec elle, je le fais parfois, mais elle veut que je reste-reste, vraiment. Elle insiste.

Par l'œil-de-bœuf, je vois le faîte des arbres de la rue Caulincourt, des platanes vigoureux. Et les toits de Paris. Et le ciel de Paris. Je regarde, et la joue de Dominique est posée sur la mienne, et nous nous aimons. Elle rêve d'être infirmière, d'aider les gens, et je rêve d'être animateur, d'amuser les gens, de les distraire. C'est le matin. Il est encore tôt, nous avons passé la nuit ensemble, sous la couverture marocaine. Je l'embrasse, éperdument :

— Je t'aime.

Et je sors précipitamment, je dévale les escaliers en colimaçon. Elle m'appelle :

— Patrick ! Patrick !

Je cours jusqu'à la station de métro. Un taxi passe, je le prends. Vite, gare d'Austerlitz. Le taxi traverse Paris. Je lui demande de mettre la radio. R.T.L. C'est Favières qui est à l'antenne. Je croise les doigts, je souris, je me laisse aller sur la banquette.

Le trajet en train jusqu'à Vitry, aussi court soit-il, est d'une lenteur exaspérante. Je saute du train en marche, je cours jusqu'à chez moi. Enfin, chez mes parents. Ça n'est déjà plus chez moi. J'ai pris ma décision.

Je sors ma clef, j'ouvre la grille, puis la porte d'entrée. Je prends mon sac de voyage et le bourre de vêtements, n'importe lesquels. Je descends à la cave, j'hésite. Non. Je ne prends pas mon matériel. C'est du matériel d'amateur et il faut que je devienne un pro. Je me rue hors de la maison, après avoir griffonné sur une enveloppe : « *Je quitte Vitry pour aller vivre avec Dominique à Paris.* » Je jette les clefs dans la boîte aux lettres.

Dans le train qui me ramène à Paris, j'ai honte et je suis heureux. Je pleure. Je déteste les séparations.

Je retrouve Dominique moins de deux heures après l'avoir quittée. Elle ouvre la porte, me voit essoufflé, le sac à la main, décoiffé. Elle ne respire plus, elle a des larmes dans les yeux.

— Ben, entre, dit-elle, d'une voix tremblante.

Je jette mon sac dans un coin et plonge sur le matelas en poussant des cris de joie, des cris de fou. Nous sommes pris d'un fou rire énorme, tonitruant, qui réveille tout Paris.

Nous allons vivre ensemble.

Nous organisons notre vie. Elle a ses cours, moi les miens. Nous mangeons beaucoup de saucisson sec et des boîtes de raviolis. Nous n'avons pas assez d'argent. Les parents de Dominique l'aident un peu. Les miens me disent, un jour où je reviens penaud les embrasser, présenter des excuses :

— On ne t'en veut pas, tu es libre. Mais tu n'as rien compris.

Rien compris à quoi ? Je me pose la question sur le trottoir de l'avenue Emile-Zola. Je me retourne vers la maison. Je suis triste.

Je passe à R.T.L. de plus en plus souvent. Je veux tout apprendre du métier. Je m'y donne à fond. Geneviève, la « régisseuse » publicitaire, m'aide beaucoup, avec une grande patience. Elle m'enseigne le montage de bande sur Nagra, ces magnétophones très sophistiqués, très suisses, indispensables à la radio. Elle me conseille.

Un jour, il y a une grosse animation dans un Radar Géant, en banlieue. C'est un samedi. Nous y allons à deux. Je me retrouve avec un certain Jean-Pierre. Plus expérimenté que moi. Dans la voiture, nous parlons, et je trouve qu'il me prend de haut. Pas grave, je parle quand même. Nous arrivons au Radar.

Peu de monde. Le flop. Le directeur fait grise mine. Nous saisissons les rares clients pour les interroger.

— Vous aimez bien le saucisson de Lyon ?

— Bof...

— Coupez. Allez, dites oui, avec entrain. Vous aimez bien le saucisson ?

— Ah ça, oui.

— Coupez, c'est bon.

Jean-Pierre ne se fatigue pas énormément. Il me laisse me débrouiller. Il me demande de m'occuper du montage des bandes. J'obéis, même si je ne sais pas encore vraiment comment faire. Il faut toujours dire oui, et voir après. On ne sait pas si on sait nager avant d'avoir plongé, après tout. Je suis prêt à relever tous les défis.

J'envoie mon montage à R.T.L. Jean-Pierre sourit en buvant un demi à la cafétéria. Nous attendons.

R.T.L. trouve le montage lamentable, vraiment mauvais. Le directeur du Radar n'est pas content du tout, lui non plus, et nous le fait savoir. Il nous dit que nous sommes des amateurs, des plaisantins, des fumistes. Il se plaindra à qui de droit.

Jean-Pierre et moi sortons, silencieux. Le parking est triste, un vrai cimetière de voitures astiquées. Je m'assieds sur le capot de ma deux-chevaux d'occasion. Je lève les yeux au ciel en faisant la grimace.

Jean-Pierre posa sa main sur mon épaule. La solidarité, sans doute. Il me dit, bien sincèrement :

— Jamais tu ne feras de la radio. T'es vraiment trop mauvais. *Ciao.*

Et il s'en va entre les voitures.

On vient de me donner un coup de massue sur le crâne. Ensuite, je devais en recevoir d'autres. Mais celui-là, c'était le premier. Le plus dur. Je regarde le dos de Jean-Pierre et sa grosse démarche dandinante. Toutes ces voitures avec leurs phares braqués vers moi, des phares éteints à tout jamais, comme les micros, les projecteurs. Fini. Il doit pleuvoir, parce que j'ai de l'eau dans les yeux. Je me réfugie dans ma deux-chevaux pourrie. Il ne pleut pas. Je pleure. Je ferai carrière dans la banque, ou dans des entrepôts de cosmétiques ; il n'y a pas de sot métier; c'est Sabatier qui est un sot, un rêveur, un mauvais. La radio ! Je voulais faire de la radio ! Et pourquoi pas de la télé ? de la chanson ? du cinéma ? Je ne peux même pas tirer le démarreur et je reste prostré, sur un parking de Radar, en plein au milieu de nulle part. Jean-Pierre a sans doute raison, il a dit ça pour mon bien. Lui, c'est un pro. Adieu Radar, adieu radio... Veaux, vaches, cochons, couvées... Il me reste Assas, les cours rasoirs, les profs ennuyeux, les couloirs tristes, les étudiants-diants-diants, les C.R.S.-SS, et la vie devant moi. Ma deux-chevaux a une panne de micro. Je suis mort.

Il ne faut plus me parler de radio. Je n'ouvre plus le transistor. Je ne me présente plus à R.T.L. Même à Assas je vais peu. Je ne supporte plus rien, ni personne. Je traîne, dans Paris, sans but précis, en ruminant ma colère, ma honte, mon incapacité.

La nuit, je rêve de Jean-Pierre et de sa remarque assassine.

Je reproche à Dominique la monotonie des dîners, la

petitesse de notre vie, je suis injuste, méchant. Pour un rien, je la rabroue et quitte la pièce, la laissant seule avec les raviolis.

Un soir, je ne desserre pas les dents depuis deux heures, et Dominique me raconte patiemment sa journée, difficile, la mort d'un malade qu'elle aimait bien. Je m'imagine ce type, dans son lit, mourant, écoutant la radio, et ce même type, mort, et la radio qui marche toujours. Je suis un salaud, je le sais. Je n'en peux plus.

— Change de disque, tu veux ? L'hôpital, les malades et les morts, j'en ai assez !

Elle s'est levée d'un bond.

— Si ça ne te plaît pas, mes histoires, tu t'en vas, t'es libre. C'est chez moi, ici, après tout.

— C'est chez toi ? O.K., il fallait le dire que je gênais. Je m'en vais. Tu vois, je m'en vais.

— C'est ça, tu t'en vas, alors va-t'en. Retourne chez ta mère.

Il ne fallait pas me le dire trois fois. J'ai fait mon sac, en entassant pêle-mêle tous mes vêtements, et je suis sorti, sur le palier. J'ai attendu. J'avais quand même une boule dans la gorge. Dominique est venue derrière moi. Elle a posé son menton sur mon épaule.

— C'est mieux comme ça, a-t-elle dit, très doucement, je ne veux pas que nous soyons ennemis.

— Et qu'est-ce qu'on est, là alors, dans cet escalier qui craque à chaque marche, dont le plafond part en lambeaux, on est amis ?

— Non. On est malheureux. On est juste malheureux. Va-t'en, je t'aime.

Je suis descendu comme un zombie sans entendre craquer les marches. J'ai marché dans la rue jusqu'à un métro, je suis rentré chez moi par le dernier train, j'ai traversé Vitry désert. J'ai sonné au portail.

Ma mère est venue m'ouvrir, après avoir regardé par

la fenêtre, en tirant le rideau. Elle était en chemise de nuit, décoiffée, je l'ai serrée dans mes bras, très fort, en reniflant un peu.

— Viens, ne fais pas de bruit, ton père dort. Ton lit est fait de toute façon.

14

Le parcours du combattant

Retour à la vie de famille : finalement, je ne suis pas si mal dans le cocon. La maison me plaît, et Vitry, je connais. Ça n'est pas Cannes ni Malibu, mais même si c'est la « zone », comme on dit, on peut y vivre heureux.

Vitry, banlieue rouge, communiste jusqu'au couteau entre les dents ? Dans les années soixante-dix, cela ne m'a jamais frappé. Pas de couteau. Je n'ai jamais vraiment su, dans cette ville, qui était communiste et qui ne l'était pas. Nous avions tous le même profil. Je n'étais pas plus un rital que Rosenblum était juif, nous étions des gosses de Vitry, des copains. Si Rosenblum avait fait carrière dans l'humour, on aurait écrit que c'était un Woody Allen français. Moi, je trouvais son humour très proche de celui de Raymond Devos.

A présent, j'étais pion. Je surveillais des cantines, dans des C.E.T. surchargés. Je ne voulais plus entendre parler de radio, ni de Dominique. J'avais presque vingt ans, je suivais des études sérieuses dans une fac encore plus sérieuse, et j'avais mes copains pour me faire oublier, décompresser un peu. Malgré les flirts passagers, c'était l'époque des « copains d'abord ».

Mes parents voyaient d'un bon œil ce retour à la vie familiale. Ils n'avaient pas changé leur attitude, et à peine le mobilier. Ils étaient fidèles aux Galeries Barbès et ne manifestaient pas, dans leurs choix, un grand désir de luxe. Pour eux, une chaise était faite pour s'asseoir, un fauteuil devait avoir des bras, et une table une toile cirée pour éviter les taches sur le bois. Cela me convenait très bien. La simplicité du mobilier était celle de mes parents, pas celle des Galeries Barbès. Ils savaient donner de la vérité, de l'authenticité aux objets qui les entouraient. Le fauteuil de mon père, aussi banal fût-il, ne pouvait être que le fauteuil de mon père. Et mon père n'a jamais été banal.

Les gens, dans leur grande majorité, ne sont pas banals. Il y a des gens comme Jean-Pierre, et puis il y a les autres ; il y a des méchants, des aigris, des rabat-joie, et il y a des fonceurs, des enthousiastes, des généreux. Ce sont ceux que j'aime.

Les années soixante-dix, ce sont aussi des chansons, des airs inoubliables. Je tripotais à nouveau les boutons de mon magnéto. J'achetais des disques : Pink Floyd, Led Zeppelin, les Beatles, bien sûr. Sans grande culture musicale, j'aimais beaucoup ce qui plaisait, non pas par suivisme, snobisme ni par je-m'en-foutisme, mais parce que ces disques, entendus à la radio, étaient aussi ceux qu'entendaient un maximum de gens, d'auditeurs, et que nous nous trouvions à communier, communiquer à travers ces chansons. Elles étaient peut-être niaises, excessives, violentes, mais elles nous rassemblaient. Nous étions des milliers, des millions à aimer les mêmes disques, et j'aimais moins le disque que les auditeurs.

J'étais ce samedi précis avec mon copain Giquiaux, au centre Belle-Epine, à Thiais, près d'Orly. Nous faisions des courses, en regardant les boutiques de disques, de vêtements, déjà démodés, comme les pantalons « pattes d'éléphant » que nous portions alors, et les jets d'eau artificiels.

Nous nous apprêtons à sortir, fatigués des néons, du bruit, quand j'entends le son d'un micro. Il y a une animation. R.J.S., Radio Jeu-Sonorisation. Je propose à Giquiaux d'aller voir. Il vient. Nous nous frayons un chemin à travers la foule. La foule de banlieue, surtout celle du samedi après-midi, n'a rien à voir avec celle de Paris ou de Limoges. On ne sort pas pour faire le beau, mais on a des pantoufles, des survêtements bleus, on est mal rasé, on fait ses courses, en poussant un Caddy.

Il y avait un podium. Il faut aussi dire qu'en banlieue les animations, les centres culturels, les points de rencontre, hormis les Super-Radar et les centres commerciaux, sont rares. On s'entasse dans des allées carrées de Belle-Epine ou de Vélizy-II, et si un guignol parle dans un micro, on l'écoute. Ce n'est pas un charlatan, c'est un amuseur, un magicien. Il apporte, croit-on, un peu de la folie parisienne. En fait, Paris est moins fou que la banlieue.

Je reste au pied du podium, avec Giquiaux, fasciné, nerveux, je trépigne. Giquiaux en a déjà assez, il veut partir. Mais il comprend mon trouble.

— Au lieu de bouillir comme ça, monte là-dessus et fais quelque chose !

Il n'y pensait pas ! J'étais le plus nul des nuls. Le zéro pointé de tous ceux qui avaient voulu faire de la radio. Je tourne sur moi-même, je regarde la place, la galerie, le jet d'eau, et les gens. Après tout, zéro pour zéro, je ne risquais rien d'autre qu'une note négative. Je monte, poussé par Giquiaux, soudain confiant.

Je contourne l'estrade et vais trouver le patron, un gros type, sorti d'un film américain, rouge, grand, corpulent, dont on comprend qu'on ne la lui fait pas au baratin, vu qu'il a roulé sa bosse, mon petit, et qu'il gueule comme un putois, en jurant comme un charretier, et on comprend surtout qu'il a bon cœur derrière son veston qui le boudine. Il est brutal mais rassurant.

Tellement qu'il me rembarre d'emblée.

— Je te connais pas, moi !

Je regarde Giquiaux, en l'étranglant de loin. Merci. Le patron du podium ne cesse d'aboyer. Un bouledogue, ce type. Son costume va exploser. Un beau costume, pourtant, qui a dû coûter bonbon à la Belle Jardinière. Bleu pétrole, une classe folle. Sur sa cravate, un dessin que je prends d'abord, dans mon émoi, pour une femme nue *made in Las Vegas,* mais qui n'est en fait qu'un marsouin en plein envol balnéaire.

— Qu'est-ce que t'attends, gamin, tu le veux, ce micro, ou tu préfères un cornet de glace ? aboie-t-il.

Et il me tend le micro.

— Un quart d'heure, compris, et pas plus ! ajoute-t-il.

Je prends le micro, j'avance, sur le podium, devant la foule, je suis habillé n'importe comment, sport, je suis mal rasé, mais je souris, et je salue. Bravo. Je dis n'importe quoi sur n'importe quel produit, mais en un quart d'heure, j'ai enlevé le morceau.

Giquiaux, au premier rang, fait la claque.

Je retourne voir l'homme à la cravate voyante.

— C'est bon, gamin, t'as des tripes, je te garde pour la semaine commerciale ici. O.K. ?

— O.K. boss, je dis, tout content, fier, mais votre cravate, elle vient de loin, avec ce marsouin rose ?

Il se tourne vers une grande glace, se regarde. Il a l'air étonné, presque déçu.

— C'est un marsouin ? demande-t-il.

— Ça y ressemble, oui. Une sorte de marsouin, de dauphin.

— Ah ! Tu vois, dit-il, tu ne sais pas tout dans la vie, c'est un dauphin. Cette cravate, elle vient de loin. Et toi, gamin, tu n'es jamais allé plus loin que le bout de ton nez.

Il me gratifie d'une bourrade à me faire chuter du podium, et je passe la semaine à Belle-Epine, mieux coiffé, mieux rasé, mieux vêtu. Ce n'est pas un uniforme commercial, mais un respect du client qui attend un spectacle. Si j'arrive en survêtement et bonnet de nuit, je déçois, j'attriste, je consterne. Ça n'est pas, aujourd'hui, parce que les téléspectateurs peuvent me voir de leur lit, en appuyant sur la télécommande, que je vais me présenter en pyjama.

Je gamberge quand même, dans cette Belle-Epine, qui est une épine qu'on me retire du pied. Je ne suis pas aussi nul que ça. Il y a au moins quelqu'un de gros et de fort qui me respecte, même s'il m'appelle « gamin ».

Pendant ce temps, à la faculté d'Assas, le G.U.D., extrême droite agissante, traque le gaucho, extrême gauche surgissante. Depuis Mai 68, la politique ne m'intéresse plus beaucoup, et je passe de moins en moins de temps là-bas. Des amis me prêtent les polycopiés, que je recopie, apprends, décortique seul le soir chez moi. Mes parents me trouvent la mine chiffonnée, ils disent que j'en fais trop. Je les rassure. Je ne veux pas vivre à leurs crochets. Je dois faire mes preuves.

Souvent, en sortant d'Assas, je traîne dans les jardins du Luxembourg. Ils me rappellent le Jardin des Plantes. Un petit théâtre de marionnettes, des poneys, des kiosques, un bassin, des arbres, bien sûr, et surtout la possibilité de marcher seul, rêver, comme en pleine campagne, mais en plein Paris. J'aime m'asseoir sur un banc, et regarder les enfants, près de l'eau, avec leurs bateaux, et leurs longs bambous pour les diriger. Il y a des nurses, des mamans, et parfois des papas. Il y a en fait une magie, ordinaire, qui est celle des gens heureux.

Je termine ma semaine à Belle-Epine sans plus me soucier d'Assas. Sur des roulettes. Je ne suis pas alors un bien grand animateur, dira-t-on, mais faire du direct, devant des gens qui ne vous connaissent ni des lèvres ni des dents, qui ne sont pas là pour vous mais pour Monsieur Propre ou Johnnie Walker, c'est un travail qui mérite une certaine admiration. Je le crois, en tout cas, on ne vous applaudit pas au moindre sourire et il faut arracher le morceau. Et j'aime ça.

Je vais voir le patron. Il a changé de cravate, puisqu'il est en polo. Je lui dis que son métier, c'est un métier qui me plaît.

— Je sais, me dit-il comme s'il était Gabin, je sais, je t'engage.

Je sors en claquant dans mes doigts comme un chanteur de jazz. Il m'engage ! Je deviens animateur de supermarchés ! La grande promo...

Je le dis à Favières, le lendemain, qui sourit. Bienveillant.

Dans l'année, je fais trois animations, des grandes, géantes, avec effets musicaux étudiés, programme assuré, vedettes présentées. Je ne suis pas la vedette mais je n'en souffre pas. Je suis un animateur dans des grandes surfaces, des supermarchés, un animateur qui attend, en en bavant, de terminer le stage qu'il s'est lui-même imposé.

Il y a des années où le soleil ne vient pas.

1972 est l'année de mes vingt ans, et cette année-là, une nouvelle fois mes parents déménagèrent. Ils allaient à Savigny. Nous quittions Vitry, l'avenue Emile-Zola, le Tic-Tac, et beaucoup de choses qui avaient fait partie de mon adolescence. Une certaine odeur de printemps, dans des rues qui n'étaient pas vraiment belles, une maison qui n'était pas vraiment grande, des copains qui avaient grandi. Je sentais que j'abandonnais encore une partie de ma vie, là, et je savais qu'une autre vie m'attendait. Mes parents sont partis, les déménageurs ont emballé toute notre histoire dans des cartons, ils ont fait le vide dans cette maison, qui ne devait plus être la nôtre. Moi, je suis resté, pour y passer une dernière nuit.

Ma copine d'alors, je ne la trouvais pas trop belle, et je me trompais. Quand j'y repense, je me trompais beaucoup, parce qu'elle était sans doute plus que belle : émouvante. Elle était espagnole, avec des cheveux noirs très lourds, bouclés, et une détermination rare dans le visage, qui savait passer sans transition du rire à la tristesse. Elle avait mon âge, mais semblait avoir vécu des histoires romanesques.

Nous sommes restés, elle et moi, dans la maison vide, dans ma chambre, qui n'était déjà plus ma chambre, sur un duvet étalé sur le parquet, et je regardais le mur trop blanc à l'emplacement des affiches que j'avais jetées. J'étais ému, mais sans larmes. Ma copine avait confiance en moi, et elle me rassurait, par sa chaleur et sa présence, dans cette absence de maison, et cette attente de tout. J'allais la quitter, elle aussi, et nous le savions, sans nous mentir, mais sans le dire. Nous avons passé la nuit sur ce duvet inconfortable, dans cette maison vide. Je disais au revoir à la maison. Il faut toujours se retourner quand on part, par respect pour ce qu'on a aimé.

Je me suis retourné vers ma copine, j'ai niché ma tête dans son épaule, et je lui ai dit que je ne l'oublierais jamais, et je ne l'ai jamais oubliée.

Le lendemain matin, je fermai la porte, je jetai la clef dans la boîte aux lettres, et ma copine m'accompagna à la gare, comme si je partais pour le front russe, alors que je n'allais qu'à quinze kilomètres, dans la banlieue sud. Elle me laissa sur le quai. Pas d'adieux. Juste un dernier baiser. Elle avait des choses à faire, et toute une vie devant elle. Elle a sans doute, aujourd'hui, un mari, des enfants, un travail, et elle vit peut-être encore à Vitry. Pourquoi pas ?

Moi je suis parti pour Savigny. En rêvant, j'ai regardé la Seine, les H.L.M., quelques arbres qui défilaient, des pavillons, et puis le cendrier S.N.C.F., plein de mégots, comme un rappel à la réalité.

J'ai marché, comme un zombie, dans l'avenue de la Gare, dans cette banlieue qui n'était pas la mienne, sous des arbres sans feuilles, et devant des maisons qui n'étaient pas celles de mes copains.

La maison, notre nouvelle maison, qui est encore aujourd'hui pour moi ma maison, parce qu'elle est celle de mes parents, était une maison comme nous n'en avions jamais eu. Avec deux étages, un beau jardin, des arbres, et nos meubles y étaient à l'aise. Ma mère s'appliqua à rendre ce nouveau logis le plus hospitalier possible, le plus chaleureux. J'y avais ma chambre, mon bureau, mon lit, mes objets, ma vie.

Je ne me fis pas vraiment d'amis, à Savigny. Je savais que j'y vivais une période transitoire, comme en salle d'attente. J'étais chez moi, mais en exil. Je n'ai pas attendu longtemps.

J'étais de la classe 72/10. Mais j'avais demandé mon sursis, comme tout étudiant qui se respecte. Et puis, un matin, en buvant mon café, en beurrant mes tartines, seul dans la cuisine, je me suis mis à gamberger. C'est quoi ma vie ? Je suis pion, je vais à Assas, et je peux vivre longtemps ainsi, mais ce n'est pas la vie que je veux. Il faut que je me secoue. Comme je n'aime pas remettre les choses au lendemain, je résilie mon sursis le jour même. L'armée, tant pis, tant mieux, on me coupera les cheveux, on me mettra au pas, on m'apprendra à me servir d'un fusil, mais je sais, moi, que je ne m'en servirai pas et que mes cheveux repousseront.

Peu de temps après je fais mes trois jours à Vincennes, qui ne durent qu'un jour et demi. Le conseil de révision où rien n'est révisé.

Je les termine après avoir réussi, à ma grande surprise, un bon score aux tests de morse. J'ai fait n'importe quoi et obtenu 18/20. Je suis admis sans piston dans les transmissions, ce qui est plus tranquille que l'infanterie de marine.

Je découvre l'armée, la caserne, la solitude, la froideur, l'absence de chaleur féminine. Un monde sans amour. Quand mes parents viennent me voir, je n'ai pas honte de leur avouer que je suis malheureux. Et puis on s'y fait.

L'armée, c'est comme le nucléaire, inévitable. On peut être contre ou pour, cela ne change rien. Elle est là. On voudrait pouvoir l'effacer comme ça, comme la craie sur le tableau noir, enterrer toutes les armes comme des haches de guerre. Mais non. La guerre est le propre de l'homme et les armes sont faites pour servir. Sinon à quoi bon tout cet argent, ce budget ? Qu'il y ait la famine en Ethiopie est une chose affligeante, mais relativement naturelle, climatique. Qu'il y ait une guerre Iran-Irak, aussi meurtrière, où des enfants se font déchiqueter par des obus, c'est révoltant. Entre un tremblement de terre et une guerre, s'il faut choisir, je préfère le tremblement de terre, parce qu'il est innocent, et que la guerre est bête, terriblement bête.

J'étais donc habillé en guerrier. Trois semaines de classes. Le parcours du combattant. Je me voyais parfois dans une glace, mais je n'étais plus moi. Des cheveux ras, des vêtements qui grattaient, moches, et on était environ trente-cinq par chambrée de ronfleurs. Heureusement, une complicité se crée vite. On ne sait plus qui on est, mais on sait qui est qui. Les méchants deviennent très méchants et les gentils sont très gentils.

Je me retrouvai à Laval, belle ville, grosses maisons. J'étais obligé de gravir des échelles, de sauter, de marcher avec des cailloux dans le sac à dos. A qui fallait-il prouver qu'on est un homme, alors qu'un homme n'a rien à prouver quand on fait de lui un deuxième classe aux ordres sous les drapeaux ?

Le capitaine ressemblait à un berger allemand. Il aboyait, mais il était capitaine. Sa persévérance docile lui avait permis de gravir les échelons de la hiérarchie militaire, et il comptait fort devenir lieutenant-colonel. Ses cheveux évoquaient la toundra, et son look, aujourd'hui, ferait fureur dans des quartiers branchés comme les Halles.

Il se prenait pour John Wayne, mais avait les dents de Fernandel.

Trois semaines de classes, c'était assez pour faire de moi un bon soldat. J'ai été rapatrié sur le mont Valérien, au 18e régiment de transmissions. Peinard. La planque.

Nous ne faisions rien. Mais il fallait faire semblant. Le colonel était tout sauf un militaire, et son chauffeur nous prévenait de son arrivée par quelques appels de phare. Le colonel descendait de sa Peugeot, toujours élégant, mince, avec un visage très doux, et il souriait, parce qu'il connaissait tout du système. Je crois qu'il nous aimait. Il avait beaucoup de pouvoir, et pour cela il n'en abusait pas. Alors que des civils que je connais, dès qu'ils obtiennent un poste, veulent laminer leur entourage.

J'ai quand même passé presque un an dans cette ambiance kaki. On m'a libéré avant la date. J'avais un poste de pion pour la rentrée des classes, le 9 septembre 1973.

J'ai repris le chemin de l'école où j'étais pion, de la fac où j'étais étudiant. J'étais également inscrit à l'Institut français de presse. Je poursuivais mon idée fixe de faire de la radio.

A l'I.F.P., je rencontrai quand même une amie, qui devait rester ma seule véritable amie fille : Béa. Elle était excentrique, excessive, généreuse, et nous avions pris l'habitude de travailler ensemble. C'était ma confidente, ma sœur. Elle était devenue un peu grosse à la suite d'un accident de voiture sur une route des Etats-Unis, au cours duquel son fiancé était mort. Sans doute cachait-elle un éternel chagrin derrière une attitude joviale et facilement outrancière. Elle était de toutes les avant-gardes, s'intéressait à tout, dynamisait son entourage et savait donner confiance.

De l'I.F.P., rue Notre-Dame-des-Champs, à la fac de la rue d'Assas, il n'y avait pas loin, mais tout cela était très loin de la radio. La radio était dans ma tête. Ma tête était ailleurs.

Tout de suite après ma libération du service militaire, je retourne voir Maurice Favières, à R.T.L. J'y retrouve la même ambiance de décontraction et de professionnalisme qui me plaisait tant. Je reste encore derrière la vitre du studio, à attendre la fin de l'émission en buvant un café, et en me demandant si un jour j'y aurai ma place.

Favières ne m'a pas oublié. Quand il sort de la cabine,

il me demande de mes nouvelles, si l'armée ne m'a pas trop changé, si je veux toujours faire de la radio. Nous marchons dans les couloirs.

— Eh bien, fais une maquette, me dit-il soudain, tu sais ce que c'est ?

Si je sais ce que c'est ! J'en ferai six, entre 1973 et 1975, pour recevoir toujours cette même réponse : « C'est mauvais. »... Et c'est tout aussi mauvais pour mon moral, mais je persévère.

A cette époque, j'avais une camarade de fac, Christine, qui connaissait ma passion pour la radio. Evidemment, puisque je n'arrêtais pas d'en parler malgré mes échecs successifs. J'ai toujours été incapable de cacher ce que j'aime.

Cette copine, Christine, avait un père général qui commandait la garnison de Tours. Un soir, elle me propose de l'accompagner chez ses parents pour le week-end. Pourquoi pas ? Et nous voilà partis pour Tours, en train, seconde classe.

J'étais assez impatient de voir ce père général, cette famille très riche, et de ma banquette de seconde classe je comptais les châteaux fondus dans le paysage paisible du bord de Loire.

A la gare, une voiture avec chauffeur nous attendait, surmontée d'un petit drapeau tricolore. Je trouvais la situation amusante. La maison des parents était un véritable château, dont je n'ai jamais pu faire le tour ni compter les pièces. Les parquets étaient trop cirés, le mobilier ne venait pas des Galeries Barbès et, dans cette famille, on se vouvoyait. C'était le luxe. On se faisait servir par trois domestiques et le père, le général, était plutôt bon bougre, malgré une apparente froideur.

La mère était différente. Un peu étrange. J'apprends qu'elle est médium. Je vais trouver Christine et lui souffle à l'oreille :

— Tu crois que je pourrais voir ta mère ? Elle me recevrait ?

— Tu crois aux médiums, toi ?

— Non, mais je voudrais quand même savoir...

— Savoir si tu feras de la radio ?

Elle avait bien compris, et sa mère me reçoit dans le petit salon. Elle semble très concentrée, et sort un pendule qu'elle agite. J'ai envie de rire : cette grande bourgeoise jouant les bohémiennes, ce n'était pas ordinaire. Mais l'heure est grave.

— J'entrerai à R.T.L. ? osé-je demander, timide.

— Non, pas à R.T.L., vous n'entrerez pas à R.T.L., répond-elle très catégoriquement.

— Ah bon, dis-je d'une voix blanche et chevrotante.

Elle fronce alors les sourcils, joue encore avec son pendule, et ajoute :

— Vous allez rentrer à Europe 1, mais pas pour longtemps.

J'étais troublé. Je quitte la mère de Christine et le salon, je sors dans le parc où je tourne en rond. Cette prédiction me semble étrange : pourquoi Europe 1, alors que je fréquentais les couloirs et les studios de R.T.L. depuis déjà huit ans ?

Pourtant, quelques jours plus tard, poussé par je ne sais quel démon, je vais à Europe 1, où je me présente comme étudiant à l'Institut français de presse. Je déambule dans les locaux, et à 15 heures, on me permet d'assister à la conférence de rédaction, dans une ambiance hallucinante. On y parle des gens qui font et défont le monde comme s'ils étaient un de mes voisins de Savigny. On y discute de tout, en fait, des potins, des cancans. J'ai l'impression que ces journalistes déjeunent quotidiennement avec les présidents du monde entier. Et, à 16 heures, toutes les petites fourmis s'en vont en reportage avec leur Nagra en bandoulière. Etienne

Mougeotte reste là, en bras de chemise, sur le coin d'une table, la cravate dénouée. Il prépare le menu du journal de 19 heures. La salle de rédaction devient une vraie ruche où tout le monde s'active.

Je suis un auditeur, j'écoute tous les journaux, j'ai soif d'information, mais je ne suis pas journaliste.

A 18 h 15, Mougeotte s'en va et dicte son journal. Il le prépare comme un spectacle. A 19 heures, il est au premier étage. Le carillon retentit, le fameux carillon d'Europe. Je me dis que Mougeotte n'est pas là. Il est dans l'escalier. A la dernière note du carillon, il est au micro, et dit : « Bonsoir. » Moi, je comprends une fois de plus que c'est ça, la radio. Je suis enchanté, convaincu.

Deux ans plus tard, j'entrais à Europe 1.

15

Qui perd gagne

En mai 1981, j'étais loin d'Europe 1. Tout bougeait en France, et dans le monde de la radio et de la télévision. Un petit monde qui en dit long. Tout le monde était au pied du mur. La victoire de la gauche en avait surpris plus d'un dans son lit. Pas moi. Je n'étais pas dans mon lit, mais j'écoutais, fébrile, sur R.T.L., les infos. Elles tombaient, comme on dit. Un état de grâce s'installait, provisoire. Et un état de disgrâce.

Jean-Louis Guillaud avait été un excellent président de chaîne. Je n'ai pas apprécié son licenciement, ni son remplacement par un homme dont j'ai oublié jusqu'au nom. S'il est normal que le pouvoir entretienne des relations avec la télévision, et que Laurent Fabius, par exemple, puisse s'exprimer un quart d'heure pour exposer ses projets à ses électeurs, et à tous les Français, il est intolérable et stupide de remplacer quelqu'un de compétent par un serviteur zélé. Si Hervé Bourges, notre actuel président à TF1, est sans aucun doute un homme compétent, il n'en a pas été de même de ses deux prédécesseurs.

« Vous, hommes de télé, êtes responsables de ce que les gens pensent, parce qu'ils ne voient que vous », disait la conscience de gauche.

Objection. Nous ne sommes pas des directeurs de

conscience. Nous pouvons ressembler à des leaders d'opinion, avoir une influence, mais notre rôle s'arrête là. Nous ne pouvons assister le téléspectateur. Il est adulte, responsable. Nous, nous croyons à ce que nous faisons, et il nous est impossible de tricher, parce que ce que nous faisons est grossi vingt millions de fois. Nous proposons tout simplement un spectacle, un show, comme on dit, tout comme les journalistes qui présentent le spectacle du monde à 20 heures.

Le personnage le plus important, à la télévision, c'est le public. Le public, c'est le patron, c'est lui qui choisit. Il vous limoge, vous renvoie au néant d'un poste aveugle en appuyant sur un bouton. Et le public, c'est une multitude de cerveaux, une multitude de sens, l'œil, l'oreille, qui, s'ils n'aiment pas tous le même spectacle, aiment tous le spectacle. Et la télévision, pour moi, c'est le spectacle.

En France, nous avons la mer, la campagne, la montagne. Faut-il mettre la mer à la place de la montagne sous prétexte que l'air marin ferait du bien aux Savoyards ?

A la télé, il y a Pivot, Chancel, Guy Lux, Dorothée, Drucker, Goldorak, Sabatier. Faut-il habiller Chancel en Goldorak, pour que les enfants sachent, à 18 heures, après l'école, qui est Jessie Norman ? Chacun a son style, et c'est bien ainsi. Chacun a son public, et c'est bien ainsi.

Je ne crois pas qu'il y ait eu depuis 1981, comme on l'a écrit, de chasse aux sorcières. Si Danièle Gilbert a été trop rudement remerciée, sans les formes de politesse que le terme implique, il n'en demeure pas moins qu'au bout de treize ans une émission, même la sienne, s'use. Si Danièle Gilbert, comme nous le souhaitons tous, revient à la télévision, il ne faut pas que ce soit le résultat d'un changement de majorité, mais par la qualité de l'émission qu'elle aura proposée.

Pas de chasse aux sorcières, et Pierre Bouteiller,

directeur des variétés, journaliste émérite mais mal à l'aise dans son rôle, qu'il n'occupera que peu de temps, me demande une idée. Je lui propose un élargissement de « Avis de recherche », pour le dimanche après-midi : « Toute une vie dans un dimanche. » La photo de classe s'est élargie et devient l'album d'une vie entière. L'idée est retenue, acceptée.

L'émission naît presque avec l'année 1982, le 4 janvier exactement. Elle est bien reçue par le public. Mon premier invité, Serge Lama, est populaire et émouvant : on se souvient qu'au mois d'août 1965 un accident terrible l'avait cloué au lit pour des mois. Les médecins pensaient qu'il serait privé pour toujours de l'usage de ses jambes. Mais son infirmière, chaque jour, lui redonnait l'espoir, et l'assurait qu'il guérirait, s'il le voulait. Il l'a voulu, et il a remarché. Cette infirmière, il ne l'avait pas revue depuis dix-sept ans, et quand elle est arrivée sur la scène du théâtre de Rueil-Malmaison, où nous nous trouvions, il a pleuré.

Pour cette émission, j'invite les gens que j'aime, que j'admire, Enrico Macias, Michel Galabru, Michèle Morgan, Pierre Perret, Michel Sardou. Ils retrouvent ceux qui leur ont été chers, qui les ont aidés. Peut-être n'y a-t-il pas assez de chansons ? Au bout de trois mois, je déchante.

André Harris, directeur des programmes, et Pierre Bouteiller, directeur des variétés, me disent d'arrêter. Les sondages sont acceptables mais l'émission est mal rythmée, bancale, incomplète.

Je l'admets. Elle durait trop longtemps, trois heures et demie, entrecoupée par les sports. Je reconnais aussi que j'étais trop jeune, trente ans, et que je me suis laissé emballer, enthousiasmé, alors que j'aurais dû être plus pondéré. Cent quarante personnes travaillaient avec moi, c'est beaucoup pour quelqu'un qui n'a que six ans de télé derrière lui. Mais on me le dit sans ménagement ni courtoisie, avec une brutalité excessive. Je prends un coup de poing en pleine face.

Puis je lis bientôt à la une de *France-Soir :* « Peysson remplace Sabatier. » J'entends dire que je quitte la télé. On me tourne le dos. On me lâche. On me traîne dans la boue. J'ai mal. L'équipe se disloque. Seul Roger Picard me reste fidèle.

On me propose de finir la saison avec une petite émission de chansons, que je baptise, par dérision, « Transit », tellement je me sens en transit, sûr d'être viré en juin.

Je sais aujourd'hui que cet échec m'a été profitable, nécessaire, il a attiédi mes ardeurs, refréné mes élans. Les expériences doivent laisser des traces, des marques, pour être positives.

J'avais voulu bondir, bondir, comme enfant, et j'étais tombé dans la cave à charbon, et cette fois il n'y avait pas mon frère pour m'en tirer. Il fallait que je remonte tout seul la pente.

J'ai fait « Transit » sans enthousiasme. Je ne crois pas qu'une bonne émission de variétés soit juste un défilé de chanteurs. Et je sentais le couperet contre ma nuque. Un souvenir cependant éclaire cette période. Juste un nom : Delon.

A l'occasion de la sortie de son film *Le Choc,* j'avais tenu à faire un « Spécial Delon ». Je ne le connaissais pas, mais j'avais rencontré son attaché de presse, Michel Jaffret, qui me propose de déjeuner avec lui. Delon passera prendre le café.

Nous sommes dans un restaurant italien, et j'ai beau

adorer la cuisine italienne, je ne peux pas manger tellement je suis angoissé. A la fin du déjeuner, je vois arriver Delon, décontracté, en jean, blouson noir. Il vient vers nous.

— Alors, c'est vous qui allez m'interviewer ?

— Oui, monsieur...

— Et quelles questions allez-vous me poser ?

— Sur votre film, les actrices, Delon pygmalion, Véronique Jannot, Anne Parillaud, Delon homme d'affaires, les parfums, les vêtements... Vous voulez que je vous soumette une interview ?

— Non, pas la peine.

Et nous parlons de tout, sauf de lui et moi. Nous prenons rendez-vous pour le vendredi à 14 heures, date et heure de l'enregistrement de cette émission, au studio 102.

A 14 heures, le vendredi, sans une seconde d'avance ni de retard, Alain Delon est là.

L'équipe finit de se mettre en place, on termine les réglages d'éclairage, de caméras, et je me dirige vers ma loge pour me préparer. Avant toutes les émissions il faut se faire maquiller, même si l'on a l'impression d'être ridicule : léger fond de teint, un peu de poudre sur le nez ou le menton pour qu'ils ne brillent pas sous les projecteurs. Delon m'arrête :

— Vous ne devriez pas vous faire maquiller. Quand on est jeune, et qu'on a une peau comme la vôtre, on ne se maquille pas. Moi, jamais je ne me suis fait maquiller.

Et l'émission se déroule dans une ambiance sans maquillage. Après la dernière question, la dernière réponse, il me dit :

— Je regrette que ce soit terminé. Si vous avez besoin de moi un jour, appelez-moi.

En août 1984, je l'appelais, pour qu'il soit le premier invité du « Jeu de la vérité », et il acceptait. Chapeau, monsieur Delon.

La télé, « Transit », faite de cette façon, je n'aimais pas ça. Je voulais des émissions musclées, intensives, inventives. Je ne voulais pas être un crooner facile du micro multimédia. A la télé, je n'étais plus rien. Un chiffre plus bas que terre. Fragile, Sabatier... On me dit ça et je rebondis. Ailleurs. A R.T.L., chez moi. Confiant. En confiance.

Je n'attendais qu'un second rôle. Je l'aurais tenu sans honte. Et je pars pour New York. L'avion me fait peur, ou les projets d'avenir...

J'avais toujours rêvé de New York, et des Etats-Unis en général, mais n'avais jamais pensé y aller dans de telles conditions de travail. Roger Kreicher, à la fin de l'été 1981, me propose de l'accompagner. Nous visiterons plusieurs stations de radio américaines, et même des chaînes de télé. Nous verrons ainsi leur travail, établirons peut-être des contacts, ferons des comparaisons entre leurs conceptions et les nôtres.

A la fin de notre séjour de dix jours, fructueux, riches en enseignements sur des méthodes de travail efficaces, Roger Kreicher me prend à part et me propose de but en blanc d'animer les matinées de R.T.L., en remplacement d'Anne-Marie Peysson qui occupera une tranche horaire au cours de l'après-midi. Il me laisse le temps de différer ma réponse.

Elle ne se fait pas attendre. Je dis oui. Mais de quoi s'agit-il ? D'une idée à moi : faire parler les gens de leur passion, la communiquer et leur donner la joie de voir leur rêve devenir réalité.

Et je voulais que cela s'appelle « Une journée pas comme les autres », et que, pour les lauréats, ce soit beaucoup plus qu'une simple émission. Un séjour, une visite, une rencontre qu'ils n'oublieraient jamais. C'est cela qui en a fait le succès.

Ils avaient écouté, joué, gagné. Ils étaient venus rue Bayard, à R.T.L., et on les avait reçus royalement. Ils n'étaient pas juste des lauréats, ils étaient des heureux, et nous voulions qu'ils le soient vraiment, jusqu'au bout. Que leur bonheur soit répercuté, non pas envié, jalousé, mais communicatif, et possible.

Qu'avaient-ils fait ? Quatre d'entre eux savaient tout sur les Pays-Bas, les canaux, la peinture, les tulipes... Et les voilà qui partent huit jours pour Amsterdam. Ils voient le pays, visitent les musées, le Rijkmuseum, le musée Van Gogh. Ils sillonnent Amsterdam. Excursion à Volendam, petit village de pêcheurs, comme une miniature, un Disneyland. Un décor. Et finalement, ils sont conviés au dîner d'anniversaire de la reine, comme s'ils faisaient partie de la famille. Pour ces vainqueurs, ce dîner était réellement une joie intense, parce que les Pays-Bas étaient pour eux plus qu'un pays, c'était un rêve enfin touché du doigt, possible.

« Une journée pas comme les autres », c'était et cela reste la possibilité de vivre un rêve. Cadeau ? Oui. Mais il y a toujours, derrière le cadeau, une surprise.

En 1983, deux couples vont au Togo. Ils prennent le petit train de la brousse, s'émerveillent devant la végétation, les animaux dont les museaux rasent les vitres. La nourriture les déconcerte. Le climat les assomme. L'ambiance les ravit. Ils sont ailleurs. Ils vont visiter le parc zoologique, après la fête des Moissons, en décembre. On ne croirait pas Noël si proche. Ils roulent, à cinq dans une jeep, dont un chauffeur indigène. Un avion passe au-dessus d'eux. Le chauffeur lève la tête et montre l'avion du président, il lève la tête un peu trop longtemps : sa voiture verse dans le fossé. Impossible de la dégager. Mais l'avion du président fait demi-tour, tourne au-dessus de la jeep. Chacun fait des signes désespérés. L'avion trouve une surface plane où se poser. Monsieur le président du Togo en personne descend, drapé dans un boubou chamarré, et invite dans son avion nos quatre compatriotes.

Le soir même, ils se voient conviés à une fête au palais, à laquelle participent des ministres et des ambassadeurs. On a prêté aux hommes des smokings et les dames ont pu choisir des robes en ville, à Lomé. Le champagne qu'ils ont bu ce soir-là leur tournera longtemps la tête...

Le 21 décembre 1984, quatre personnes, catholiques, pieuses, sont invitées au Vatican. Elles ont écouté R.T.L., et ont su répondre. Il pleut sur Rome. Elles visitent les sept collines, et la place Saint-Pierre. Petit voyage ? Non. Elles ne s'attendaient pas à entrer dans le palais du Vatican, guidées par un ecclésiastique muet, à travers toutes les salles. Et surtout, elles n'ont rien dit quand on leur a désigné le banc où elles devaient s'asseoir. Elles ont attendu. Et un autre clerc est venu les chercher. Le Saint-Père célébra la messe devant dix cardinaux, les plus proches de son entourage, tous drapés dans la pourpre. Et nos quatre fidèles étaient là, eux aussi. Ils communièrent avec le pape lui-même et échangèrent ensuite quelques mots avec lui.

Tout un groupe, seize personnes, d'âges différents, fit le tour du monde en vingt et un jours... Jules Verne et Lavarède étaient battus.

D'autres visitèrent les plus beaux théâtres du monde, l'Opéra de Paris, la Scala de Milan, et le théâtre du

Bolchoï, guidés par le directeur lui-même, fier d'avoir affaire à des connaisseurs, des amateurs, des passionnés. En leur présence, il organisa un vin d'honneur au cours duquel leur fut remise la médaille d'honneur du théâtre, décernée habituellement aux artistes les plus méritants.

Pour le Nouvel An, quatre vainqueurs s'envolèrent pour Vienne, une des plus belles villes du monde, une capitale de la musique. Lorin Maazel dirigeait l'orchestre, et, dans la salle, tous les rois et reines du monde. Nos auditeurs y étaient, en habit, entre les célébrités du Bottin mondain, des couvertures de magazine. Invités exceptionnels pour une représentation exceptionnelle : on réserve, dès le 2 janvier, sa place pour le 1er janvier de l'année suivante. Et le soir, tout est complet...

Au printemps 1983, d'autres lauréats passent douze jours en Chine, la muraille, Pékin, Chang-hai, et douze jours, c'est assez pour savoir se servir des baguettes...

Il n'en fallait pas pour passer la Saint-Sylvestre à Singapour, chez Maxim's. La cuisine est française, le service hors classe, le cadre luxueux. Mais sitôt sortis, nos lauréats ont craqué sur un *hokken-mee,* plat de nouilles à la vapeur agrémenté de viandes et d'épices, servi à une table dressée sur un trottoir, entre deux poubelles, dans Sago Street, le quartier chinois...

Cap Kennedy. Une dizaine de jeunes réalisent leur rêve. Ils voient partir, en direct, de la tour de contrôle, Patrick Baudry dans la navette spatiale. Pourquoi pas eux, bientôt ? Tout devient possible.

« Une journée pas comme les autres », ce n'est pas un cadeau, une récompense, c'est la possibilité de prendre ses désirs pour la réalité. D'aller plus loin dans l'utopie, le merveilleux, l'espoir. C'est dire : oui, votre rêve est là, touchez-le du doigt. A présent, vivez-le.

En 1983, quatre auditeurs chanceux ont vécu quarante-huit heures à bord du *Colbert,* le plus grand porte-avions français. Parmi eux, deux femmes. Seule, avant elles, Mme de Gaulle y était montée. Ils sont allés de Barcelone à Toulon, vitesse de croisière. Pas de coup de Trafalgar...

Des fans de sports ont pu assister à la coupe Davis à Sydney, en Australie, ils ont écouté un concert à l'Opera House, qui s'avance sur la mer, ils ont caressé les kangourous, et mis le pied, surtout, sur un pays qui fait rêver de plus en plus.

Ne m'appelez plus jamais *France*... Il s'appelait *Norway,* alors, mais n'avait pas changé, ce paquebot chéri, le *France,* gloire ancienne de notre marine. Huit personnes purent passer deux jours à son bord lors de sa révision dans le port d'Amsterdam, où « y a des marins qui rêvent... ».

D'autres ont pu assister, au premier rang, à la soirée célébrant les quinze ans de spectacle de Thierry le Luron, à New York, au Carnegie Hall, devenu pour un soir le Carné-Guignol...

Quatre invités, férus de haute couture, ont déjeuné dans les appartements de Mlle Chanel, dans le faste et la douceur compassée d'une époque révolue. Certains voyages se font dans l'espace, d'autres dans le temps. Le rêve est multiple.

Une des émotions les plus fortement ressenties : Oslo. Remise du prix Nobel de la paix à Danuta Walesa en l'absence de son mari, retenu malgré lui. Cette femme n'était guère différente de nos concurrentes. Une femme simple, digne, que l'Histoire avait transformée en championne de la liberté.

« Une journée pas comme les autres », depuis sa création, a toujours voulu dire qu'aucune vie ne se ressemble, mais que toutes s'assemblent. Ce que nous offrons, ce n'est pas un sucre d'orge, une récompense, c'est surtout l'assurance qu'au-delà du transistor il y a la réalité, qu'au-delà du rêve il y a la réalité, qui n'est pas que routine. Nous voulons le montrer. Nous ne sommes pas des bienfaiteurs, mais la radio, c'est aussi une porte ouverte sur le monde.

Je peux affirmer aujourd'hui que cette émission matinale sur R.T.L., cette « Journée pas comme les autres », a fait ses preuves. Nous avons gagné devant la concurrence et sur nous-mêmes. Nos scores croissent chaque jour, qui est de moins en moins comme les autres. Je suis fier d'avoir été — et d'être encore — à la hauteur des responsabilités que l'on m'a confiées un soir à New York.

« Transit » fut donc transitoire. Je ne suis pas remercié vraiment, mais je n'ai quand même plus d'émission de télévision. Je suis encore meurtri par l'échec. Je veux comprendre, remonter. Perdre une bataille n'est pas perdre la guerre. On peut voir des tennismen à la dérive se reprendre et gagner le dernier set sans perdre un point.

Richard Chaumont a remplacé — provisoirement — Pierre Bouteiller à la tête des variétés sur TF1. C'est un administratif. Je ne le connais pas et je ne suis pas sûr qu'il ait beaucoup de sympathie pour moi. Je vais quand même le voir. Il faut sortir de ce tunnel, et le plus tôt possible.

Richard Chaumont n'a rien contre moi. Une tranche horaire est vide, celle de Danièle Gilbert, qui avait été remplacée sans grand succès par Anne Sinclair — le contraste entre les deux femmes ayant été bien audacieux. Richard Chaumont me demande un projet.

Je sors mon cahier, mon stylo et je cherche. Je rature,

je déchire. Quand j'écris mes projets, je cherche à voir l'émission, les images. Je suis mon premier spectateur. Je cherche aussi des mots, des paroles, des musiques. Et je pense à Barbara : *Ma plus belle histoire d'amour.* Histoire d'amour. A 12 h 30, le public est essentiellement féminin. Histoire d'amour... L'amour est une histoire vraie dont on ne parle pas assez à la télévision. Ainsi naît « Atout cœur ». Quatre couples, du lundi au jeudi, viendront raconter leur histoire d'amour, successivement, puis se réuniront le vendredi, et les téléspectateurs décideront de la plus belle histoire d'amour. Les lauréats gagneront un premier — ou second — voyage de noces, huit jours aux Bahamas, en Californie, au Maroc. Un voyage inoubliable.

Mon projet sous le bras, je retourne voir mon directeur. Je rends ma copie. Il lit. Je commente. Il écoute. Et il accepte. Il fait beaucoup plus : il me propose un réalisateur, Rémy Grumbach.

Je suis très étonné. Je pensais que Rémy ne m'aimait pas, qu'il était distant. Mais je connaissais ses qualités professionnelles : l'efficacité, la précision du styliste, l'autorité, l'expérience. Il a déjà travaillé avec Daisy de Galard, Michèle Arnaud, Michel Drucker. Je me sens très honoré de pouvoir travailler avec lui.

Il me téléphone un jour et passe prendre le thé à la maison. Il est détendu, souriant, rassurant. Rien de guindé, chez lui. Nous parlons de la télé, de nos goûts respectifs, nous apprenons à nous connaître. Nous ne savons pas encore que nous venons de signer un contrat de travail et d'amitié. Je parle d' « Atout cœur » en détail, et il a tout de suite des idées. Il répond comme si l'émission existait déjà. Il a raison, et elle existera pendant deux ans.

Deux ans durant lesquels ma collaboration avec Rémy ne fera que se renforcer. Il m'apporte les qualités qui me manquaient, la sérénité, la pondération, le recul, la réflexion par rapport aux rouages complexes de la télévision. Il m'apporte aussi ses qualités humaines, et sait être l'ami des mauvais jours. Nous nous promenons en discutant dans les jardins du Luxembourg, ou dans les environs de sa maison de campagne. Nous sommes sur la même longueur d'onde, et nous nous apportons une aide mutuelle.

« Atout cœur » démarre en septembre 1982, et nous accueillerons trois cent vingt couples en deux ans. C'est l'occasion de remarquer que les Français ne manquent pas d'imagination quand il s'agit d'amour et de rencontre...

Cette femme voulait à tout prix rencontrer un homme qui passait tous les jours à la même heure sous ses fenêtres. Elle n'osait pas lui parler. Un jour elle se décide, de la façon la plus déconcertante qui soit : elle lui jette un pot de fleurs sur la tête. Puis elle va lui rendre visite à l'hôpital. Ils sont mariés, à présent...

Une désespérée saute du quai sur le ballast et s'allonge sur les rails. Personne ne bouge, sinon un Arabe, qui l'écarte au dernier moment. Ils sont mariés...

La religieuse aimait la botanique ; le jardinier du couvent l'enlève. Ils sont mariés...

Aussi saugrenues ou morales ou immorales soient-elles, toutes ces histoires d'amour étaient vraies. Le public ne se trompait pas sur la sincérité des participants. C'est cela qui le touchait. Les gens heureux ont aussi une histoire...

16

Mariage pluvieux

J'avais moi aussi, comme tout le monde, mon histoire d'amour. Ma rencontre avec Anouk, en Corse, avait été un choc, sous le soleil. Depuis nous vivions ensemble, à Montmartre, rue Lepic, sous la pluie. Il fait beau quand même, et nous nous aimons. A tel point que nous allons nous marier. Entre nous, nous n'en parlons guère. Nous faisons semblant de ne pas y attacher d'importance, alors que nous voulons être liés pour la vie. Mais on n'est jamais lié pour la vie, on est lié par la vie.

Nous sommes bien, dans notre quartier, vivant, populaire, avec toute une nostalgie discrète, des souvenirs d'artistes. Et les artistes sont là : Claude Lelouch habite en face, et Alfred Adam, cet acteur aujourd'hui disparu, vivait en dessous. Nous l'avons croisé souvent en descendant faire nos courses, dans cette rue commerçante qui me rappelle la rue Mouffetard où ma mère m'emmenait enfant.

Je me fais baptiser, pour avoir un vrai mariage, mais sans avoir vraiment rencontré la religion. Plus tard, je sais, un jour viendra où j'entendrai, sans radio ni télé, une autre Voix me tenir un autre langage. Mais cet été-là, en 1978, je n'entends qu'Anouk. Elle est belle. Et le 24 juin, naissance de l'été, nous nous marions. A Aix-en-Provence, entre les cigales et les tambourins.

La cérémonie est célébrée dans une vieille église aux pierres blanchies par le soleil. Une centaine d'amis, de parents, ont envahi la nef, et aussi quelques curieux, même des admirateurs. Mes parents m'ont donné un peu d'argent pour l'achat des alliances. Je passe la bague au doigt d'Anouk. Sans même oser la regarder. Sa main tremble. Et toute l'assistance se met à chanter *Tout va changer demain...* de Michel Fugain, un chant profane mais plein d'espoir, une fête, un spectacle que nous avions préparé. Chacun lève un cierge allumé, et la lumière se reflète dans les yeux d'Anouk.

Aix est une des plus belles villes de France, et spécialement ce 24 juin. Le cours Mirabeau bourdonne. On me reconnaît et je signe des autographes. J'ai peur qu'Anouk ne croie qu'on me vole à elle, et nous disparaissons dans une Cadillac blanche louée par des amis.

Plus tard, dans un vieux mas, le dîner s'achève. Il fait encore chaud, de plus en plus, et lourd. Les parents des deux familles sympathisent, échangent des souvenirs. Anouk et moi, nous nous éclipsons, le temps d'un tour dans le parc, la campagne, sous les oliviers. En quelques secondes, le ciel se couvre, il pleut, un orage éclate, des éclairs. Nous courons vers la maison.

— Mariage pluvieux, mariage heureux ! s'exclame un des invités.

Peut-on croire aux dictons ?...

Nous sommes rentrés chez nous avec l'intention de partir pour la Sicile en voyage de noces. Nous avons retrouvé Montmartre. La rue Lepic monte et descend, elle est sinueuse comme la vie, même celle qui paraît la plus droite.

Le 26 juin, nos bagages étaient presque prêts. C'est alors que Roger Kreicher me demande de présenter sur R.T.L. « La Grande Parade de l'été », une émission de variétés ensoleillées qui passe l'après-midi. Je ne peux pas refuser l'offre. Adieu la Sicile, adieu le voyage de noces !... Après tout, nous n'avons pas besoin de la Sicile pour être heureux. Il fait beau même à Paris. Je ferai ce voyage de noces sur les ondes de R.T.L. au lieu de celles de la Méditerranée... Je demande à Anouk si elle ne regrette pas la Sicile, si j'ai bien fait d'accepter, et elle me dit que je ne pouvais pas refuser, que c'est comme ça, et tant pis, que nous aurons d'autres occasions d'aller en Sicile, et partout, que le monde est à nous, et qu'elle se plaît chez nous, à Paris, où elle a un tas de choses à faire, des films à voir, des livres à relire, du rangement, et qu'il ne faut pas s'en faire. Alors je la crois. Et l'été meurt entre les rues Lepic et Bayard.

L'automne, lui aussi, passe, et l'hiver n'en finit pas. Je retourne au Jardin des Plantes, parfois, seul sous la pluie. Je viens puiser là un peu d'innocence qui s'enfuit. Je possède de mieux en mieux mon métier, et je suis sans doute à une étape. J'enfonce les mains dans les poches de mon imperméable, il fait froid, et je me suis disputé avec Anouk.

Elle voulait aller au Midem chercher du travail. Pourquoi au Midem ? Quel travail ? Et pourquoi ces disputes de plus en plus fréquentes, pour un rien et à propos de tout ?

Je ne sais pas si nous étions faits pour nous entendre. Je ne sais plus. La personne que l'on aime n'est pas toujours celle avec qui l'on peut le mieux vivre. J'ai l'impression qu'elle ne me supporte plus, qu'elle ne supporte plus mon travail, ni mon succès relatif. La vérité est que je m'éclate dans mon travail, à la radio, à la télé, et que je ne peux lui faire partager ma passion, puisque la sienne ne parvient pas à maturité.

J'avais besoin de quelqu'un qui m'épaule, pas du contraire. Je ne peux pas l'aider, je ne réussis qu'à lui faire mal en lui racontant mes journées, les surboums sur le plateau de « Studio 3 », les fous rires, je rentre de bonne humeur et elle me dit : « Tant mieux pour toi. »

La radio et la télé, j'ai le sentiment qu'elle les considère à présent comme ses ennemies, comme mes deux maîtresses. J'ose à peine dire ce que je fais. Que j'en suis fier. Que je voudrais qu'elle en soit fière. Qu'elle soit fière de moi, d'elle, de nous.

Cette année-là, en 1979, il aurait mieux valu qu'il n'y ait pas d'été. Pas de vacances. Ou qu'Anouk parte pour New York et moi pour Pékin. Il aurait fallu se séparer quelque temps, prendre du repos, un temps de réflexion et de sagesse. Mais nous sommes allés chez sa mère à Carpentras.

Pendant les repas, les silences étaient pesants, les regards assassins. Sa mère ne disait rien, ne s'en mêlait pas. Nous avions honte de nous donner en spectacle.

Sitôt que nous étions seuls, c'était à nouveau des règlements de compte, ou des explications à n'en plus finir sur le pourquoi du « Comment a-t-on pu se marier il y a un an pour en arriver là ? ». Des crises de nerfs, de larmes, pour aboutir un beau soir, très tard, à cette amère et absurde conclusion :

— Anouk, il vaut mieux divorcer.

Au moment même où j'ai prononcé ces mots, j'ai senti le couteau se retourner contre moi. Nous nous sommes effondrés en larmes.

— On ne s'aime plus alors ? a-t-elle demandé dans un sanglot.

— Si, mais c'est mieux comme ça, c'est moins mal.

Nous sommes rentrés à Paris le lendemain. Nous

avons aussitôt déposé une demande de divorce par consentement mutuel. Puis Anouk a bouclé ses valises pour aller vivre chez une amie. Je l'ai regardée plier ses robes, ranger ses bijoux, sans comprendre ce qu'elle faisait, comme on regarderait sous anesthésie locale un chirurgien vous découper le cœur. Nous nous sommes donnés rendez-vous au palais de Justice. C'était sinistre.

Trois mois plus tard nous étions tous les deux à l'heure au palais. J'avais gravi les marches comme celles d'un échafaud sous un soleil pâle. A l'intérieur il faisait froid comme dans une cathédrale. Une salle d'attente était prévue pour tous les couples en instance de divorce, et ces couples, qui allaient se défaire pour toujours, avaient l'air copain, devisaient gaiement, comme s'ils s'étaient retrouvés là par hasard. Je n'étais pas copain avec Anouk, moi, alors je suis resté dans le couloir, à l'écart de ce spectacle qui m'horrifiait.

— Epoux Sabatier !

L'appel a sonné comme une sentence de peine capitale. Le bourreau qui vient vous chercher et frappe à la porte de la prison. Nous nous sommes assis devant le juge. J'étais légèrement en retrait, je regardais Anouk, et c'est à elle que le juge s'est d'abord adressé. Il est dans ses attributions de demander les raisons du divorce, si l'on ne regrette pas, etc. Ce qu'il a fait, puis il a demandé à Anouk si elle était bien sûre de vouloir divorcer.

— Oui.

Le mot est tombé comme une hache. J'ai su que je divorçais. Le juge m'a posé la même question. J'ai regardé Anouk, j'ai voulu dire non, je ne veux pas divorcer, c'est elle que j'aime.

J'ai dit oui, et c'était comme si je me déclarais coupable. Oui, je divorçais, et nous sommes sortis, côte à côte, en silence, pas très fiers. Pas fiers du tout. Nous avons redescendu les marches. Nous sommes allés jusqu'à ma voiture. Je lui ai proposé de la raccompagner. Elle a accepté :

— Pourquoi pas ? Oui, je veux bien.

J'ai craqué.

— Mais comment peux-tu dire ça ? Tu comprends ce qu'on vient de faire ? Prends un taxi, laisse-moi, laisse-moi.

Je l'ai raccompagnée quand même, et, depuis, d'autres la raccompagnent, comme le veut la vie. Le divorce m'avait marqué comme un échec, une honte. Je me sentais un paria. Sur les papiers administratifs je ne pouvais pas entourer le D qui signifie « divorcé ». Aujourd'hui, je n'ai plus rien à regretter. Je me rappelle un mariage, un divorce, des images de bonheur et d'autres plus tristes, mais je n'ai pas d'amertume. Anouk et moi ne marchons plus sur la même route, mais quand nos voies se croisent, nous parlons de l'avenir, sans revenir sur le passé. Si le lien qui nous unit a changé, rien, pourtant, ne peut le détruire.

17

La porte du bonheur

La première fois que « Porte-Bonheur » s'est mis à exister, j'étais avec Roger Picard, dans les couloirs de la maison ronde, et je vois passer un journaliste avec son magnéto, son micro, prêt à se faufiler partout.

— Roger, j'ai une idée : si on essayait de faire de la télé un outil aussi souple que la radio, si on faisait rentrer une caméra chez les gens ?

— Pour quoi faire ? répond Roger, pragmatique.

— Je n'en sais rien, c'était juste une idée. Oublie-la.

Je ne l'oublie pas, moi. Le temps passe, et si les journées ne sont pas comme les autres, elles se ressemblent quand même.

Il fait froid. Je suis comme un rôdeur, un passant, un égaré dans ces jardins du Luxembourg, près desquels je viens de trouver un nouvel appartement. Les poneys portent des enfants tristes. Demain, la radio. Routine, presque. Bien sûr, des enfants, d'autres, iront peut-être en Chine, au bout du monde grâce à R.T.L., mais le bout du monde, j'y suis. Nulle part. Une âme en peine.

Et puis, en regardant le bassin, face au Sénat, on voit comme un rayon de soleil, un bourgeon sur un arbre d'hiver.

Le 12 février 1983, je ne l'oublierai pas. Ma vie, à cette époque, c'est le travail. R.T.L., « Atout cœur », je suis un nom, un sourire. Est-ce assez ? Qu'est-ce que je cherche ? Est-ce que je le sais ?

Ce 12 février, j'avais dû me séparer d'une collaboratrice qui était indispensable, à la télévision.

— Roger, il nous manque quelqu'un.

— C'est vrai, mais je ne vois personne, sinon, peut-être, une fille qui a travaillé au *Parisien.*

— Elle est comment ?

— Bien...

Le lendemain, je suis sur le plateau 102. Nous enregistrons l'émission. Ce n'est pas du truquage, juste un gain de temps, d'argent, d'énergie. Pour certaines émissions le direct n'est pas indispensable.

Sur le plateau de « Atout cœur », les couples racontent leur vie. Ils rient. C'est drôle comme les vies ne se ressemblent pas plus que les journées. Chacun espère remporter la palme. Moi, je n'espère rien. Je suis seul. Je suis loin. Comme un môme derrière une vitrine. La vitrine est brisée, et je m'en vais...

Et je reviens, il règne sur le plateau une ambiance bon enfant que j'aime. On rit. Et nous sommes sûrs que notre rire est communicatif. Les couples en présence sont tellement près de nous que nous avons toujours gardé le contact. Ils étaient heureux, même perdants, de montrer leur amour. Leur rencontre. Le moment où tout arrive dans une vie.

L'émission ce jour-là, avait lieu deux jours après l'enregistrement. Sur le plateau, Rémy est aux commandes de pilotage. Un studio, durant le temps d'un enregistrement, c'est un avion en vol. Il faut assurer la pression, les manettes, la sécurité, le confort. Nous sommes toute une équipe pour cela. Il manque un élément à l'équipe, et il me manque la moitié de ma vie.

— Patrick, me lance Roger, j'ai trouvé quelqu'un de possible... La blonde, avec le bloc-notes.

Je la regarde longuement, en me perdant en conjectures. Je ne me perds pas tant que cela, mais j'aime rester distant des choses ou des gens qui se rapprochent très vite...

Nous sommes quarante sur le plateau de « Atout cœur », et une jeune femme blonde derrière la caméra 2. Elle fait son boulot, attentive. Elle porte un grand T-shirt jaune, des collants, un gros ceinturon, des bottes, et je crois qu'elle veut plaire... A moi ?

Je me décide, il faut que je la voie, puisque je suis le boss.

— Bonjour, je suis Patrick Sabatier...

Je me présente toujours, même si Roger m'agace en me disant qu'il ne faut pas, j'aime mieux me présenter, puisque, après tout, je présente les autres...

— Vous êtes nouvelle, venez donc avec nous...

Au-dessus du plateau 102, il y a près des loges de maquillage un petit salon où les invités, les gens, ceux qui sont là peuvent discuter tranquillement.

Je me montre très sec, ferme, rentré. Je n'ai pas peur de cette fille, mais elle m'impressionne. Je lui parle en pro. Voilà votre boulot. Vous trierez le courrier de « Atout cœur ». Vous téléphonerez pour vérifier l'histoire. Vous nous soumettrez vos choix, à Rémy et à moi-même, pour qu'on puisse programmer ces couples.

Je parlais vite d'un sujet qui m'était quotidien, et la fille aux collants était perdue.

— C'est bien, dit-elle, presque au hasard, et je vous donne une réponse quand ?

— Dans deux, trois minutes, dis-je.

— Où elles sont, ces lettres ?

J'ai été moi-même chercher les lettres. Un gros carton, mal ficelé, deux mille lettres... Deux mille aventures... Qu'on ne croie pas que je sois futile ou négligent, avec ces histoires. Elles sont toutes un peu la mienne. Nous sommes redescendus ensemble, moi comme un grouillot, et j'ai posé le carton dans le coffre de sa Renault 5, qui s'ouvrait mal, et elle s'énervait, sur la serrure, je me souviens.

— Voilà, lisez ça, et on verra.

Pour « Atout cœur », nous recevions de trois à quatre mille demandes par semaine. Le travail de dépouillement est considérable et fastidieux. La fille n'a rien dit, elle voulait faire son travail correctement.

— Comment vous appelez-vous, au fait ?

— Isabelle. Pourquoi ?

— Appelez-moi Patrick. Bon travail.

Elle était très consciencieuse. Je la regardais trop. Les réunions du lundi, on passait en revue le travail de chacun, on passait les derniers détails au peigne fin. Isabelle avait le peigne fin, et rien ne lui échappait, sauf moi. Cette fille me troublait et j'étais son patron. Les réunions duraient trois heures parfois. J'allumais mes gitanes et j'organisais le travail, et elle était dans son travail. Elle avait tout compris, vite, les variétés anglaises, françaises, le rock et l'accordéon, la présence des hommes et des femmes et le fil conducteur de l'émission, c'est-à-dire l'ordre des choses, l'harmonie des plats dans le menu final.

Chacun défendait ses choix, présentait son travail, pourfendait la théorie de l'autre, et admettait que tout le monde s'était trompé. On repartait de zéro, pour refaire un équilibre. L'équilibre d'une émission, c'est l'équilibre des gens qui y participent, et j'aime que dans mon équipe il y ait des femmes. Elles savent mieux, plus vite, elles sont plus carrées aussi, plus décisives, incisives. Elles en veulent. J'ai vu qu'Isabelle avait pris son travail à cœur, à tout cœur.

Elle était intégrée à l'équipe, et, un mois à peine après son arrivée, j'ai compris que j'étais amoureux. Moi ! Amoureux... Et j'étais drôlement content d'être amoureux, même si je savais que j'allais encore souffrir.

Il n'y a rien de pis que de tomber amoureux de celle qui est votre voisine de palier, ou votre secrétaire, ou votre collaboratrice. Elle est dans la piscine et vous sur le plongeoir. Elle vous sourit mais c'est peut-être un rictus face au soleil. Vous devenez maladroit et, de maladroit, malhabile, et presque méchant.

On pense au travail, comme si on comptait des moutons avant de dormir. Mais on ne pense pas tant que cela au travail. Elle est là, devant vous. C'est comme à l'école, au lycée, quand le prof raconte l'histoire de Vercingétorix et que vous regardez les cheveux, la nuque, et ce grain de beauté, là, de votre voisine de devant.

Mais j'étais le prof, moi. J'avais envie de la voir, nonobstant les règles du travail... La voir en dehors, dehors, lui offrir un verre, lui dire... Quoi, au fait ?

Un dimanche après-midi je me jette à l'eau, je téléphone et lui propose un rendez-vous, à l'hôtel de la Trémoille. C'est un travail urgent à faire pour le lendemain. Sans faute. On boira un thé vite fait.

C'était peut-être la troisième fois, en presque dix ans de carrière, que je téléphonais le week-end à quelqu'un de l'équipe. Je n'aime pas cela. Je ne suis pas Bouvard. Chacun a besoin de repos. Les seules contingences peuvent être la défaillance vocale d'un chanteur, l'abstention d'un couple de « Atout cœur », mais si mes collaborateurs sont aussi mes amis, c'est parce que je respecte leur temps libre. Je ne veux pas être un petit chef, mais un stimulant. Une vitamine.

— Quoi, vitamine ? me dit-elle.

— Eh bien, les Américains prennent des vitamines et les Anglais du thé. Thé ou vitamines ?

— Thé plutôt...

Nous étions comme des Anglais, et je ne savais pas comment expliquer que je n'avais rien d'autre à dire que je l'aimais. Et je lui ai parlé de « Porte-Bonheur ».

— C'est quoi, « Porte-Bonheur » ?

— Un projet d'émission. L'idée est de rentrer chez les gens, réellement, comme la télévision y rentre, et de remercier par des cadeaux ceux qui font le bien.

— Rien que ça. Sponsorisé par l'abbé Pierre ?

— Par la télé. Je sais ce qu'on va dire. Que le malheur des uns fait le bonheur de Sabatier, etc., on se trompe. Complètement. Je veux cette émission parce qu'elle sera publique, et elle sera publique parce qu'elle sera une vraie communication. C'est tout. Si on venait chez toi en te disant : « Isabelle, vous avez donné 10 francs à ce mendiant, en voilà 100 », qu'est-ce que tu dirais ?

— Merci. Mais, tu te prends pour qui, là ?

— Pour la télé, qui n'a pas compris qu'elle n'était pas juste un outil d'information, d'éducation, d'amusement, mais surtout, plus que tout, de communication.

Je parlais, je parlais, du procédé, de la méthode, du mécanisme, des gens méritants désignés par d'autres qui écriraient, de la caméra dans la maison, des cadeaux, du budget prévu.

— Qu'est-ce que tu en penses ?

— Pourquoi me dis-tu cela à moi ?

— Un ou deux sucres, dans ton thé ?...

Elle était séduite par l'idée, mais ce qu'elle pensait du présentateur, du producteur, de moi, cela, je l'ignorais. Elle parlait juste du projet, en remettant un peu de thé dans sa tasse.

Je l'ai raccompagnée jusqu'à sa voiture et je lui ai dit, bien trop nonchalamment :

— Tu veux sortir avec moi ? Moi, j'aimerais bien.

Elle est tombée de haut. C'était donc ça !

— Toutes les filles ne sont pas amoureuses de leur patron.

Elle s'est mise au volant, a tendu le bras pour baisser sa vitre et m'a fait savoir qu'il ne fallait pas y compter. Je savais qu'elle partait le cœur gros. Elle croyait perdre sa place. Elle me connaissait mal. J'avais moi aussi le cœur gros parce que, je le savais, j'avais été maladroit.

Elle avait sa vie, moi la mienne, et nous notre travail. Mais ce travail, qui était une joie, était aussi un supplice. Je la regardais avec des regards de chien battu, puis de séducteur, d'amoureux transi, de collégien, de prof, de chef, et puis au bout de quelques semaines, je l'ai invitée à dîner. Refus.

Les jours passent, et elle finit par dire oui. C'est presque à contrecœur, et, quand elle arrive à la Closerie des Lilas, je me dis que je fais la plus grosse bêtise de ma vie, et elle également, et que nous allons la faire ensemble, pour longtemps. Et que ce genre de bêtise est vraiment la seule qui mérite d'être faite.

Elle abandonne sa vie passée, et moi aussi.

Et depuis, nous travaillons, vivons ensemble. Jamais les limites entre nos vies privées et professionnelles, entremêlées, ne se sont déplacées. En Isabelle, je trouve à la fois mon amour de la perfection féminine et la compréhension de mon travail.

Je la lance sur « Porte-Bonheur » et elle se lance encore plus vite. Elle me dit, un soir :

— Cette émission, elle sera la fin de ta carrière, ou le début d'une autre.

— Je ne sais pas. Je veux bien faire mon travail, c'est plus dur.

En avril 1983, je frappe à la porte (du bonheur ?) de mon P.-D.G. et je lui dépose le projet. Je touche le bois du bureau en Plexiglas, en souhaitant qu'il me porte bonheur... Et je ne suis pas superstitieux !

Le projet est adopté. Il faut l'adapter, le façonner. On me donne trois émissions. Des tests, presque. Je prépare la première. Isabelle est mon assistante. Elle s'occupe de tout, elle est partout, et mon amour d'Isabelle et mon amour de la communication ne sont plus qu'un. Il fallait peut-être cela. Aimer une femme qui soit aussi proche de ma vie que possible, qui interfère avec ma vie.

« Porte-Bonheur », cela n'a pas été facile. Jean Lallier avait remplacé André Harris. Les hautes sphères se montraient réticentes et j'avais été sur le point de craquer, de donner un autre projet, plus facile, avec des variétés, un peu de cinéma et un témoin qui aurait commenté la guerre Iran-Irak de son fauteuil aux Buttes-Chaumont. J'avais tenu bon et défendu ma cause.

Octobre 1983. Vendredi soir. Première émission. Quinze millions de téléspectateurs. La bombe... Je ne comprends pas le succès, je n'en suis pas surpris, parce que trop investi. D'abord, on me téléphone, me félicite, le patron, les collègues, le public. On vient de créer un événement. Je plane.

Et on me critique violemment.

On me fait du mal méchamment.

Je réponds qu'il est difficile de trouver des idées nouvelles, qu'on n'invente pas vraiment. On recrée, transforme, réajuste des idées qui ont déjà fait leurs preuves. Quand Bellemare faisait à la radio une émission qui s'appelait « Il y a toujours quelque chose à faire », on était rassuré, parce qu'on ne voyait pas les larmes en direct. Je ne crée pas les larmes, je crée l'émotion. La surprise. Je suis pour une télé active, une télé spectacle, je ne recherche pas l'audience maximale, mais l'adhésion du public. J'aime quand le public se retrouve sur l'écran. Quand telle star se découvre des ressemblances avec tel inconnu. Les pros font des sondages, ils jugent, donnent des notes, mais moi, je vais vers le public. C'est tout.

On m'a prêté des intentions que je n'avais pas, comme les critiques, les universitaires, qui commentent un poème sur l'amour et y voient des intentions cachées, de la haine rentrée. On y parle de la femme, et ils y voient de l'homosexualité latente ; on y parle de la mer et c'est la montagne qui leur saute aux yeux. Trop compliqué pour moi.

Je dis qu'il n'y a pas de mal à faire le bien. Et surtout que je n'ai pas à me justifier, parce que je suis un homme de télé, que je fais une émission qui marche, et, si elle marche, c'est grâce au public.

Quand Chancel présente sur son « Grand Echiquier » l'Orchestre de Vienne, je trouve cela superbe. Bravo. Moi, je vais montrer un inconnu, le Crado, clown et grand-père qui passe son temps à ramasser trois sous pour les envoyer en Afrique. Je dis que quand je montre cet homme en exemple, j'ai raison. Je suis journaliste en faisant cela. Je montre le cas spécifique de quelqu'un qui se bat pour les autres, à une époque où la plupart des gens se battent contre les autres.

Je montre le bien. Pas la misère. Si je montrais les Rothschild dans leur vie privée, on dirait que Sabatier est un malin. Je montre des anonymes combattants, des pauvres, qui savent garder l'étincelle de vie, et on me traite de charognard.

J'ai envie de hurler, mais je ne hurle pas, je continue.

Parce que je ne suis pas démago. Sabatier sourit à la misère ! dit-on. Mais moi, j'aime mieux lui sourire et faire ce que je peux que lui tourner le dos ou pleurer comme un crocodile.

Quand on aide, fait quelque chose, quand on souffre pour les autres, pourquoi refuser que cela se sache ? Tout le monde aime être reconnu, et recevoir des cadeaux, surtout quand ils sont utiles.

« Porte-Bonheur » coûte cher ? Au contribuable ? Je ne crois pas. Chaque émission coûte exactement en 1985 1 100 000 francs contre 1 300 000 francs pour « Champs-Elysées ».

Nous recevons douze mille lettres par mois. Nous en rejetons 90 %, et enquêtons sur les 10 % qui restent. Nous ne prévenons pas les intéressés. Nous tenons à l'effet de surprise, parfois contrarié par des indiscrétions contre lesquelles nous ne pouvons rien.

Pour rassurer mes détracteurs, « Porte-Bonheur » s'arrêtera en juin 1987. En attendant, c'est l'émission la plus regardée par le public. Donc la plus mauvaise en regard du « Club des poètes ».

Parfois, cela m'énerve. On parle de Patrick Sabatier comme si ce n'était pas moi. On parle d'un autre. Je vois des gens m'aduler, d'autres me mépriser. On me prend pour un demi-dieu ou pour un idiot. Je me cache. Si je sors, je sens les regards, sans discerner l'amour de la haine. Je suis comme un singe au Jardin des Plantes, traqué.

A une terrasse, si je prends un café avec Isabelle, les gens nous assiègent pour me demander mon signe astral, mon opinion sur le Tour de France et ma couleur préférée : bleu.

Je ne sais pas qui va me gifler — pas les dents ! — ou m'embrasser.

En voiture, on cogne à ma vitre pour me demander un

autographe ou me serrer la main. Bonjour. Comme dirait Mourousi. Mais lui, il a une boîte de nuit, il peut recevoir sur consultation.

— Garde la tête froide, me dit ma mère.

Et je garde la tête froide. Je sais que ce n'est pas la gloire, ni sa rançon, ni rien, c'est juste un rôle imposé, un jeu, et une vérité. Celle de notre époque. Si vous déjeuniez avec moi, ce qui se fera peut-être un jour, vous seriez surpris par l'attention que je prendrais à vous écouter. Je crois que c'est une de mes vraies qualités. Pourquoi ne pas le dire ? Je n'aime pas me mettre en avant. Si je le fais dans ce livre, c'est justement pour prendre du recul.

Mes trois premières émissions de « Porte-Bonheur » étaient à l'essai. L'essai a été largement confirmé. J'ai eu plus mal en lisant certaines critiques que ceux qui les ont faites n'en ont eu à les écrire. Aujourd'hui, « Porte-Bonheur » existe. Hervé Bourges, notre directeur, l'a compris ; « Porte-Bonheur » n'est peut-être pas sa tasse de thé, mais il me fait confiance, ainsi qu'à vingt millions de téléspectateurs. L'émission est construite, elle a une structure et un mécanisme. Aux Etats-Unis, on appelle ce genre « émission de charité ». La charité n'est pas un défaut, à moins que la mode de l'époque ne soit au cynisme et à l'indifférence.

Dès la deuxième émission, en novembre 1983, le succès était total et ne m'étonnait pas. J'y croyais trop. J'espère que ce succès durera jusqu'en juin 1987, date où l'émission devrait s'arrêter.

L'équipe était composée d'Odile, Marie, Isabelle, Roger, Rémy et moi. Une équipe bien soudée. Dès l'été 1983, nous avions lancé les appels, les annonces à la télé, demandant à chacun s'il connaissait dans son entourage une personne méritant qu'on la récompense, l'encourage, la remercie, l'aide, par des cadeaux utiles à son action bienfaisante. Nous avons reçu des milliers de lettres que nous avons toutes lues. Et notre choix, extrêmement difficile, délicat, s'est porté sur la lettre d'une vieille dame de presque quatre-vingts ans, Mme Alice Daygues, vivant dans la banlieue nord de Paris. Chaque mercredi, un jeune garçon, un voisin, Pascal, venait lui rendre visite, l'aidait à des travaux ménagers, domestiques, et surtout lui apportait un réconfort moral.

Nous avons vu, bien sûr, la vieille dame. Nous avons enquêté, très discrètement, sur Pascal, sa famille, leurs besoins. Nos collaboratrices doivent employer les déguisements, les subterfuges les plus divers pour pénétrer ainsi dans les familles, identifier les lieux, faire des repérages de l'intérieur des maisons. Puis il faut trouver, près de la maison, un endroit discret où cacher un car de télévision, qui mesure environ six mètres sur deux et est surmonté d'une antenne parabolique. Une fois, pour une autre émission, le car fut camouflé en camion militaire, et l'équipe habillée en treillis !

Jamais « Porte-Bonheur » n'a été truquée, jamais. L'esprit français, soupçonneux, méfiant, nous a aidés à être rigoureux dans ce sens.

Une première émission est une grande crainte, une immense joie, une aventure, et une leçon. Elle donne un ton, mais il faut veiller à tout ce qui peut encore l'améliorer.

Pour la première de « Porte-Bonheur », nous avons fait une erreur, vite corrigée : nous avons d'abord montré les cadeaux, mais nous n'avons dévoilé le nom du gagnant qu'à la fin de l'émission, croyant ainsi préserver un suspense. Nous avons vite compris qu'il valait mieux faire intervenir à l'antenne dès le premier quart d'heure cette personne, ou cette famille, et les présenter, les féliciter, les montrer en exemple durant toute l'émission.

A Pascal, qui était si méritant, et à sa famille, de condition très modeste, nous avions offert un camping-car, un vélo, un magnétoscope et une chambre à coucher. Les cadeaux représentent généralement une somme de 100 000 francs, prise sur le budget de l'émission. Un jour, un taxi me dépose à R.T.L., je vois qu'il m'observe dans son rétroviseur, et il me dit : « Dites-moi, monsieur Patrick, ces cadeaux, vous les reprenez après, non ? »

J'ai éclaté de rire. Non, nous ne reprenons pas ces cadeaux, mais souvent, au contraire, ils se multiplient et des gens viennent en aide aux bienfaiteurs que nous avons mis en vedette.

Nous ne perdons jamais non plus le contact avec eux, et nous savons que notre action les a aidés à persévérer dans leur lutte.

Une lettre nous a émus et fait rire à la fois. Elle était écrite par le maire d'un petit village des Deux-Sèvres, et cosignée par tous les commerçants de la ville. Ils ne voulaient pas voir partir leur boulanger, acculé par les dettes. C'était un conte à la Pagnol et une leçon de solidarité. Ce boulanger, Gérard, avait repris à vingt-quatre ans une boulangerie qui périclitait, l'ancien boulanger faisant du mauvais pain et n'étant guère travailleur. Lui, Gérard, fit du bon pain, mais dut pour cela s'endetter, payer des traites, et ne put s'acheter le matériel nécessaire.

Nous lui avons offert un four à pain moderne, une estafette pour ses livraisons, et avons redonné la vie à ce village et ses alentours.

« Porte-Bonheur » n'est pas une émission mièvre. Le bonheur, justement, n'est pas mièvre, mais éclatant. Des cadeaux pleins les bras, c'est parfois trop lourd pour les bras. Denise Boudie, elle, n'a pas voulu ses cadeaux, pas là, devant tout le monde.

Elle s'est cloîtrée, a refusé, crié, et moi je criais, hors antenne, parce que l'émission, son public, son impact, et sa formule, tout m'échappait. J'avais tort, soudain, aussi tort que les moralistes me l'avaient dit. Je me prenais à détester cette femme, choisie entre deux mille autres, cantinière, élue par ses élèves, ses enfants. Je me suis dit que les principes mêmes de mon émission étaient plus près de la haute voltige que du direct télévisé.

Denise Boudie habitait dans un petit village de cinquante habitants, une petite maison sans lumière. Quand elle a vu devant chez elle cette invasion, le camion, les spots, le son, l'équipe, tous bardés de leur matériel comme des mercenaires, elle a pris peur, et je la comprends, et j'ai compris en direct. Je me suis retourné vers Isabelle pour lui demander ce qu'on faisait là. Elle m'a dit que plus de vingt millions de téléspectateurs attendaient qu'une femme de bonne volonté reçoive des cadeaux de bonne volonté. J'ai crié, voulu qu'elle ouvre sa porte. Elle ne l'a pas fait. Elle s'est renfermée, fripée comme un pruneau d'Agen, sa ville natale, toute proche. Et sa maman, Mercedes, plus qu'octogénaire, toute en noir, bancale, digne, a assuré le remplacement. Elle a senti que quelque chose se passait entre la vie, le public, et sa fille. Denise Boudie, cantinière d'une école, avait été choisie par ses élèves. Elle adorait les enfants. Son refus était coupable, on ne refuse pas les cadeaux quand ils viennent droit du cœur. Les cadeaux que nous offrons ne sont pas les nôtres, mais ceux des bienfaiteurs, des voisins. Cette taxe que chacun paie peut faire le bien. Aider ceux qui ont faim, soif, ou sont nus.

Un mois plus tard, Denise Boudie, réfractaire, est venue présenter en direct mon émission suivante. Elle pleurait. Les larmes, parfois, sont amères aux autres...

L'émission qui battit tous les records d'audience fut celle que nous avons consacrée au clown Crado. Il ressemblait à Sim, et, plus tard, Sim a tenu à le rencontrer. Je crois que tous ceux qui l'ont vu tenaient à le rencontrer. Une dame avait remarqué sa prestation lors d'un spectacle donné par un comité d'entreprise. A la fin de ses pitreries, il était passé parmi le public en réclamant une aide financière, une pièce, un petit billet, non pour lui, mais pour aider ceux qui avaient faim et soif là-bas, en Afrique, et spécialement au Bourkina Fâso, l'ancienne Haute-Volta. Il parcourait ainsi les routes de la Mayenne pour récolter des fonds, qui avaient aidé à construire un barrage nécessaire en ces pays de sécheresse. Le clown Crado luttait contre la sécheresse du cœur, aussi. Pendant la guerre il avait eu faim et soif et ne supportait plus physiquement ni moralement cette souffrance des autres, noirs ou blancs.

Nous ne l'avons pas beaucoup aidé, lui personnellement, il ne voulait rien pour lui, visiblement, mais nous lui avons emboîté le pas, en offrant des pompes à eau pour creuser des puits

Nous avons aussi montré un anonyme qui se dévouait pour une cause qu'il ne croyait pas perdue. Nous avons utilisé la télévision pour éclairer une bonne action. Beaucoup préfèrent le spectacle des guerres, famines, violences, ou se voiler la face. Pas nous. Et quand des chanteurs se réunissent pour aider l'Ethiopie, ils ne font pas autre chose, à l'échelle mondiale, que ce que fait Crado, dans la Mayenne.

18

A chacun sa vérité

En mars 1984, Marie-France Brière, directrice des variétés, me demande d'imaginer une autre émission. « Porte-Bonheur » est au zénith et j'ai toute une équipe qui travaille. Une idée ? Je n'en ai strictement aucune.

Mais j'aime être au pied du mur.

Partir neuf, et chercher. M'isoler et trouver un fil, on tire le fil, et on s'aperçoit que c'est un poil, et derrière le poil, il y a l'ours qui vient. Ensuite, on vend la peau de l'ours avant de l'avoir tué, puisqu'on ne veut surtout pas le tuer. On le montre, on le dresse. On s'en fait un ami.

Je m'enferme dans mon bureau, j'écris, je rature, je fais des cocottes en papier. Je travaille moins dans le stress que dans l'allégresse. Je n'ai rien trouvé et je vais voir Isabelle, l'embrasser un peu, la prendre dans mes bras. Elle croit que j'ai trouvé une idée, mais non. Je viens rechercher un peu de bonheur.

A R.T.L., je suis jovial. Gai. Je m'endors presque sur le canapé. On croit que je prends des euphorisants, mais c'est Isabelle qui me rend comme ça. Plus je deviens professionnel, et plus je joue. Ma profession, c'est de jouer. Je croise Favières et je l'emmène boire un café, au dernier étage, je lui parle de Jean Yanne, par exemple :

— Tu te souviens de son émision « Quand j'entends le mot " culture " je sors mon transistor » ?

— Oui... Pas de sucre...

— Il m'impressionne, ce type, alors que je sais très bien qu'il n'est pas impressionnant. Il est comme tout le monde. En plus drôle. Il fait son numéro. C'est comme Jacques Martin, son ancien compère. Il peut parler de tout sans écouter personne, et si tu bois un café, il te raconte l'histoire du café, de la Colombie, de l'arabica et du robusta, tous les spots de pub qui sont passés à la télé, il prend son sucre et il commence l'histoire du sucre. Entre le spectacle et eux, il n'y a plus de barrière, tu comprends. Ils sont le spectacle. Moi, je veux être l'animateur, pas le spectacle.

— Prends plutôt du déca.

En juillet 1984, je pars pour Malte, aéroport de La Valette, avec Isabelle. Dans les journaux, on parle de moi, en bien, en mal. Je m'en fiche. Je pars en vacances.

A Malte, je suis comme chez moi. C'est petit. Chaud. Il n'y a pas de fioritures. Cela sent bon la terre humide et le vent de la mer. On parle anglais, mais le climat n'est pas anglais. Il n'y a pas grand-chose à voir, sinon Isabelle, ce qui fait d'elle comme un portrait sans paysage de fond. Ce n'est pas pour me déplaire.

Dans la chambre blanche, Isabelle fait la sieste, je cherche une idée, et je ne trouve rien. Je rejoins Isabelle sous la moustiquaire et je dors, plus ou moins.

Nous faisons des concours de natation. Nous attendons un nuage. Pas de nuage. Elle veut faire du cheval, nous trouvons un manège. Elle monte comme une déesse. Le cheval est à elle, tout est à elle. Dont moi.

Je ne voulais plus penser à ce travail. Oublier tout pour retrouver le tout au moment voulu.

Nous étions revenus à Paris. J'étais allongé sur le lit, je regardais le plafond, et Isabelle me demandait si je voulais un café, non merci, je réfléchis. Je m'endormais. Elle me réveillait d'une caresse, un baiser, et je me sentais bien. J'étais dans la cuisine, devant une rondelle de mon saucisson préféré, et j'ai une idée.

Je vais voir Isabelle. Elle est sortie sans que je m'en aperçoive, je tourne l'idée dans ma tête, elle revient. Je l'interroge, inquiet.

— Tu me fais peur, dit-elle. Dis-moi.

— J'en reste à la même idée simple. La télé peut créer de l'émotion. C'est tout. J'ai fait une émission avec des inconnus, je vais en faire une avec des vedettes, des célébrités, des stars. Le public, qui les aime ou les déteste, pourra leur poser les questions qu'il souhaite, sans censure et en direct. La vedette sur la sellette devra répondre.

— Personne ne voudra.

— Je sais, c'est ce qui me tracasse. Ou alors, le pis, ce serait que le jeu ne soit pas respecté.

— Quel jeu ?

— Le jeu de la vérité. Je crois que ce serait un bon titre. Un bon principe. Reste à trouver des invités, tu as raison.

J'ai regardé Isabelle. Elle avait l'air songeur. Un rayon de soleil passait par là, par la fenêtre, et éclairait ses cheveux blonds. Elle était belle, et soudain, j'étais heureux, sûr de moi, sûr de mon projet. Elle n'avait rien fait, rien dit pour me rassurer, mais sa présence me rassurait, me donnait confiance. Je ne pouvais plus détacher mon amour de la télévision de mon amour d'Isabelle. La communication que j'avais avec le public était aussi l'amour d'une femme, qui travaillait avec moi, vivait avec moi, une femme qui me comprenait, m'épaulait, était ma star et mon public.

— Ça va marcher, ai-je dit.

— Bien sûr. Mais méfie-toi.

— De qui ? De quoi ?

— Tu as tes détracteurs, il faudra que tu choisisses des vedettes impossibles, des provocateurs qui seront provoqués par les questions, que ce jeu soit plus qu'un jeu, qu'il soit un défi.

— C'est ce que je veux. Un défi. Je ne veux pas de la guimauve, des appels où les fans encensent la star. Je veux du vitriol, si possible. Pas pour choquer, mais pour faire tomber les masques. Souvent, à la télé, on présente des *talk-shows,* avec des hommes politiques, et ils parlent de politique, mais s'ils parlaient de sport, on comprendrait mieux leur politique, je crois. Je ne veux pas présenter des hommes politiques, je ne suis pas un journaliste, je suis un homme de spectacle. Si je présente Danièle Gilbert, par exemple, ce sera aussi politique que présenter Chirac, ou Giscard.

— Pourquoi Danièle Gilbert ?

— Elle n'a peut-être rien à dire, mais elle représente pour le public, pour un public, quelque chose. Quelqu'un qui va vers eux. Vers les gens. Qui les sent. Les comprend.

— Et qui pressens-tu, à part Danièle Gilbert ?

— Je ne sais pas. Je vais essayer de démarrer fort. J'aimerais Delon.

— Rien que ça.

— Il est bien, loyal, franc, il jouera le jeu. Il a assez de cran pour ça. Pour ne pas tricher.

— Tu rêves, m'a dit Isabelle.

— Non. Je suis très proche de la réalité, la vérité. Je suis juste à un poste de transmission. Il y a dans une équipe de rugby des avants, des arrières, et un demi de mêlée. Je suis le demi de mêlée. Celui qui passe la balle que lui ont donnée les avants pour les arrières. Je ne suis pas le spectacle, je le présente. Ce n'est pas moi qui vais poser les questions, interférer, truquer le jeu. Je veux que ce soit un vrai jeu de la vérité, idiot, intelligent, selon les questions, les réponses. Je sais qu'on dira que c'est Sabatier qui est idiot ou intelligent, mais on verra.

— Il fait beau. On va se promener, maintenant ?

— On y va. Je prends un pull ?

— Mais non. On est en été !

— J'avais oublié. Je suis déjà dans la rentrée. Dis-moi, comment présenter le projet, le faire accepter ?

— Comme tu viens de le faire.

Jeu... Vérité... L'idée me plaisait à plus d'un titre. Elle était dans la continuité de mon travail. Des variétés populaires et équilibrées, un public actif, un même animateur, bien sûr, et un genre différent de ce que j'avais fait. J'allais faire ce que les Américains appellent un *talk-show,* avec énormément de questions et réponses, les chansons n'étant qu'une respiration dans l'émission.

Marie-France Brière adopte l'idée aussitôt. Pas exactement : je lui avais présenté, la minute précédente, un mauvais projet, à dessein, qui ne l'avait guère enchantée. Puis j'avais négligemment sorti de ma poche celui du « Jeu de la vérité ». C'était plus une espièglerie qu'une ruse, comme celui qui a réussi son examen aime annoncer d'abord qu'il a échoué, pour doubler le plaisir.

Début août, je signe pour 1985 trente-deux vendredis sur quarante : dix « Porte-Bonheur » et vingt « Jeux de la vérité ». C'est l'euphorie, mais aussi parfois le doute. Les vedettes accepteront-elles le jeu ?

Je me souviens toujours de la promesse de Delon : « Si vous avez besoin de moi, appelez-moi. » Je l'appelle. L'émission doit démarrer en janvier 1985, et il sera en plein tournage. Il doit regarder son planning.

Mes doutes se confirment. Deux jours après il me

rappelle. Il est d'accord. Et nous ne nous voyons pas jusqu'au jour J, J comme « Jeu ».

Quand elles ne sont pas des chanteurs, qui doivent répéter, les vedettes arrivent à 19 heures au studio 13 des Buttes-Chaumont. Delon est ponctuel, il se retire dans sa loge. Je vais le chercher dix minutes avant l'heure H. Nous marchons côte à côte, sans rien dire, jusqu'à deux chaises situées en coulisses. Prêts à entrer en scène. Delon est blafard, mâchoire crispée. Soudain il tend sa main gauche vers moi et me serre la nuque ·

— Tu sais, Patrick, je ne sais plus ce que je fais là, ni si j'ai raison d'y être, mais toi et moi, nous ne devons pas perdre.

Il était fébrile, mais puissant, déterminé, et encourageant. Il savait qu'on l'interrogerait sur la Suisse, Le Pen, son fils, Mireille Darc, etc. Mais il jouait le jeu. Et je crois qu'il a gagné.

Depuis, il me téléphone souvent. Il regarde toutes les émissions, compare avec sa prestation, demande les chiffres d'audience. Il ne veut pas être rassuré, il veut savoir. Il est semblable à un sportif qui ne surveille pas seulement ses propres performances, mais aussi celles de ses concurrents. Delon ne dira jamais « J'ai gagné », il dira « Je dois vaincre ».

Sardou était plus décontracté. L'émission avait lieu à Megève, sa seconde patrie. Il était dans son élément, avec sa famille, très importante pour lui, ses amis, et il fêtait son trente-sixième anniversaire. Il riait, décontracté. Il n'avait pas peur des questions, ni avant, ni après.

— Michel Sardou, je vous ai vu sortir d'un club d'homosexuels, en êtes-vous ?

— Il m'arrive aussi de sortir d'un restaurant chinois, est-ce que j'ai l'air chinois ?

Un drôle de type, Bedos, inattendu. Il m'avait quand même prévenu : « On nous attend au tournant, mais je ne suis pas venu pour te faire ta fête. Simplement pour dire ce que je pense. Bien sûr, je dirai quand même que “ Porte-Bonheur ”, c'est de la merde. »

On a fait couler beaucoup d'encre, avant et après, sur cette émission. Le gentil Patrick, l'intraitable Guy.

Je lui avais téléphoné en janvier, j'avais laissé un message sur son répondeur : « Monsieur Bedos, je sais que vous ne participerez pas à “ Porte-Bonheur ”, mais peut-être que “ Le Jeu de la vérité ” vous permettra de vous exprimer sur tout ce que vous pensez. Je ne comprendrais pas votre refus. »

Il me rappelait un quart d'heure plus tard : « O.K., je viens. »

Il me demande la cassette de Delon, me téléphone souvent, et je le vois, en chair et en os, pour la première fois le vendredi 22 février à 5 heures de l'après-midi. Il était corrosif dans ses blagues, mais riait. Je lui ai assuré qu'il pourrait tout dire.

Quand il est entré en scène, c'est une incroyable ovation qui l'a accueilli, et j'ai simplement dit : « Ce soir, tout peut arriver ! »

Je n'avais pas peur, ni de Bedos, ni des questions, ni des attaques contre Bedos ou contre moi. Je conserve toujours mon sang-froid et une certaine réserve qui fait croire à certains que je suis mal à l'aise. C'est faux. Simplement, mon rôle est de présenter. Si une interlocutrice se fait traiter de tous les noms par Gainsbourg, je ne peux pas sourire, parce qu'on dirait que je suis complice de Gainsbourg, alors que je ne suis qu'un intermédiaire. J'ai un devoir de réserve.

Au bout d'une demi-heure d'émission, Bedos me déclare que tout cela est truqué. Je prends un auditeur en ligne et lui demande quand il a appelé. « 7 heures et quart. » Et puis ? « On m'a rappelé, pour confirmer, et je n'ai pas changé ma question. » Preuve était faite, et bonne fête Paulette. Bedos a commencé à être mal à l'aise. Et j'étais mal à l'aise pour lui. Il a attaqué « Porte-Bonheur », comme prévu, et je me suis expliqué : « Il n'y a pas de mal à faire le bien. » Bedos a compris qu'il s'était trompé. Trompé de public. Son intelligence sensible, son humour écorché passaient très bien pour son public — dont je suis —, mais il était devant un public de vingt millions de téléspectateurs qui ne lui étaient pas tous acquis.

J'aime toujours autant Bedos, sa personnalité, son engagement. Et quand j'ai lu dans *le Quotidien de Paris* que « Porte-Bonheur », après tout, méritait d'être regardée, car j'avais écouté ses conseils, c'est un des plus beaux compliments que j'aie reçus.

On s'attendait peu à ce que j'invite Coluche, ou Gainsbourg. J'avais un seul regret de les avoir invités : de ne pouvoir le faire une seconde fois. Mais pourquoi pas, après tout ? Coluche est vulgaire, sans doute, mais c'est pour mieux dénoncer la vulgarité. Et il avait encore des tas de choses à dire. J'ai donc décidé de le faire revenir. Quant à Gainsbourg, c'est un artiste à l'état pur, qui a fait changer, avancer beaucoup de choses dans la musique, et dans le spectacle. Il y a l'avant- et l'après-Gainsbourg. Au « Jeu de la vérité », on a vu qui était Gainsbourg, provocateur, mais avant tout sensible. Après l'émission, il s'est effondré en larmes, deux secondes, pas plus, et il a dit : « Tu peux pas savoir ce que c'est dur. » Je crois savoir un peu...

Je ne suis pas Gainsbourg, dans son salon noir, ni Coluche, sur sa moto. Je ne suis pas une star, et je ne vis pas comme une star. Mon métier m'oblige à des horaires précis, réguliers, quotidiens, auxquels je tiens naturellement. J'aime la vie de famille, et si je n'ai pas encore fondé de famille, je le regrette. J'ai été marié avec une femme que j'aimais, mais nous n'avons pas eu le temps d'avoir des enfants avant que la vie nous sépare. J'ai cru quelques mois devenir un homme facile, un vagabond de l'amour, et j'ai rencontré Isabelle. Aujourd'hui, je sais que je suis l'homme d'une seule femme, et que je veux des enfants près de moi, une chaleur dans une maison.

C'est important, une maison. Le fruit de mon travail, c'est un appartement acheté près de Paris. Je suis attaché à la pierre, à la terre. J'ai besoin de dur, de durable. Je fais un métier incertain, et les maisons sont des abris.

J'aime inviter des amis, autant que j'aime ces dîners familiaux du dimanche soir, où nous nous réunissons, avec les parents d'Isabelle et les miens, pour manger des spaghettis avant de regarder le film sur la une.

Le lendemain, j'aime me lever tôt, à 6 heures et demie, lire les journaux en prenant un solide petit déjeuner, et partir rue Bayard pour tenir l'antenne pendant deux heures trente. Je rencontre chaque jour des gens différents qui font que, si mon emploi du temps reste le même, chaque jour est vraiment pour moi une « journée pas comme les autres ».

A midi, je déjeune chez moi. Et l'après-midi, j'ai des rendez-vous ou des répétitions. Je dîne tôt, à 7 h 30, souvent après avoir regardé — si j'ai pu — « Des chiffres et des lettres », où je ne me défends pas si mal. Ensuite, nous discutons, Isabelle et moi, ou jouons au Scrabble, aux cartes avec des amis, tarot, poker, bridge. Je me couche tôt, car je me lève tôt.

Quand je peux, je m'évade à la campagne, pour marcher, prendre le temps et prendre l'air, ou si je ne peux pas, j'arrête ma voiture dans Paris, pour respirer l'air du temps, voir des gens. Je fais un aller et retour boulevard Saint-Germain, je flâne, je prends un pot à une terrasse, le temps d'une récréation, nécessaire à la création.

Je vais créer une nouvelle émission. Différente. J'avais une « émission de charité », un *talk-show,* et quand on m'a proposé de faire une nouvelle émission, pour le vendredi soir toujours, j'ai accepté, pour faire une « trilogie ». J'ai voulu faire un grand jeu.

Un grand loto-spectacle qui débutera en 1986.

Une grille, cinq rangées contenant neuf cases. Il faut cocher une case. Le principe est simple. Il faut déterminer, deviner, combien de gens, dans telle ville, tel jour, achèteront tel livre, verront tel film, achèteront tel disque, regarderont telle émission de télé, et le résultat sportif d'une compétition locale.

Celui qui trouve gagne 100 millions de centimes, ou les partage avec les autres gagnants.

J'aime les émissions simples, fondées sur des principes clairs, dont les mécanismes sont parfaitement huilés. J'aime ce que font les autres, et je suis fier de ce que je fais. J'espère seulement que cette nouvelle émission sera un succès, comme les deux qui l'ont précédée.

19

Fidèle au poste

Sur un plateau, je ne commande pas, je ne hurle pas, mais parfois je demande une lumière plus douce, un plan plus large, et nous en discutons, Rémy Grumbach et moi, avec les éclairagistes, les cadreurs. Chacun a un travail si précis, dont il a la parfaite maîtrise, qu'en peu de temps les mises au point se font presque naturellement. J'aime ce travail d'équipe. Je me sens chez moi, dans ce studio, qui est grand comme un hangar, et qui ressemblerait à un hangar si on le dépouillait du décor. Le décor, je ne l'ai pas choisi ; j'ai fait confiance, et je l'ai attendu. J'ai attendu le moment où je viendrais le découvrir. C'est comme une surprise, un cadeau.

A la répétition générale, je suis assis dans mon fauteuil, et un assistant joue le rôle de l'invité. Nous rions, plaisantons. Je m'imite moi-même. Je connais mes tics, et ceux de mes invités. Sans méchanceté.

La répétition générale, c'est une petite alchimie. Nous déterminons les temps d'antenne, l'alternance des questions, des réponses, des chansons.

Nous attendons Gainsbourg, ce vendredi 7 juin. Il est 17 heures et il arrive, avec sa démarche un peu raide, ses omoplates saillantes, son regard timide d'éléphant traqué. Il vient vers moi, me serre la main et sourit. Il n'a pas l'air d'avoir le trac, mais je sais qu'il donne le change. Il va tester son fauteuil d'invité, il allume une cigarette — ce ne sera pas la dernière — et demande une bouteille de Pippermint.

On annonce Charlebois. Tout le monde se tait, les caméras se mettent en place. Musique, Charlebois mime sa chanson. Pas physique, mais électrique. Il s'est un peu rangé, depuis ses années folles où il chantait *Lindbergh* — c'était il y a quinze ans —, mais il est toujours aussi jeune, dynamique, heureux. Et gentil. Quand il a fini, il ne s'inquiète pas de savoir s'il a été bon ou mauvais, parce qu'il sait ce qu'il fait, mais s'il a le droit de dire quelques mots, après la chanson. Bien sûr. Ce n'était pas prévu, mais maintenant, ça l'est. Nous ne lui demandons pas ce qu'il va dire. Sur ce plateau les artistes sont chez eux.

A Gainsbourg de chanter. En direct, au piano. Ce sera la première chanson, l'ouverture de l'émission. Gainsbourg, par délicatesse, par pudeur, sans doute, a choisi une chanson qui n'est pas de lui, mais d'Aznavour : *Parce que*. L'assistance retient son souffle. Et c'est vrai que c'est beau à vous couper le souffle. Il chante la chanson trois fois. Il l'aurait chantée dix fois que personne ne s'en serait plaint...

La générale terminée, je me replie dans ma loge. Absolument seul. Je me concentre. Je téléphone à mes parents, soudain, pour ne rien dire, juste pour entendre la voix de ma mère. J'appelle Isabelle. Et je m'allonge quelques minutes sur le canapé. Ce soir, à 20 h 30, j'entendrai le générique, et j'apparaîtrai en direct devant des millions de téléspectateurs. J'y pense. Je pense à chaque foyer. Je pense à Gainsbourg, qui va devoir aller plus loin encore. Dans quel sens ? La provocation ? La sincérité ? Le cynisme ? L'émotion ? Il vaut mieux que je n'y pense pas. Que je ne pense à rien.

Je suis tendu, trop tendu. Forcément. J'ai choisi moi-même de me mettre dans cette situation. J'ai créé cette émission. C'est ça, la télévision que j'aime. Une émission choc, une émotion choc.

Je n'ai rien renié, ni personne ni mes parents, mes amours, mes amis, ni ce que je fus, ni ce que j'ai fait. Ce que j'ai fait, je l'ai fait avec sincérité, amour et persévérance. J'ai toujours tenté de me renouveler et d'innover. Je ne tiens pas tant à changer l'image du présentateur que le principe d'une émission. Si l'on compare mes émissions passées et présentes — et futures... — à d'autres émissions de variétés, on comprendra que c'est moins mon sourire qui dérange que mes émissions elles-mêmes, qui ne se contentent pas de réunir des vedettes sur un plateau, mais font toujours appel à la vie des gens, que ces gens soient des stars ou des anonymes. Je suis plus un homme de communication et de direct — parce que je suis communicatif et direct — que d'images. Les images à la télévision ne sont pas un but en soi, et la promotion d'une chanson m'intéresse moins que la vie du chanteur ou la vie de ses admirateurs.

Je suis vivant et je m'intéresse à la vie.

La télévision de demain ira dans ce sens, elle sera envahie par la vie de son public, et elle envahira la vie de ce public. Il y aura une rencontre autrement intéressante qu'un débat réunissant des spécialistes qui parlent de choses absconses en termes obsolètes.

J'ai confiance en la télévision de mon pays. Elle est prête à de nouvelles expériences, prête à donner sa chance à d'autres chaînes, à des télés privées. Il faut risquer la concurrence et se garder de l'assoupissement.

J'ai cru bon d'écrire ce livre, non pas pour me justifier, me glorifier, ou m'exhiber, mais pour dire que le passé prépare l'avenir, que les erreurs, les faux pas, sont aussi une expérience. Ce livre, je l'ai écrit pour ceux qui m'aiment, parce qu'ils m'ont compris, et ceux qui ne m'aiment pas, pour ce qu'ils m'ont appris.

Ce livre n'est pas un constat de réussite, mais un contrat avec l'avenir. J'ai des projets plein la tête, tous n'aboutiront pas, mais les idées affluent, et changent, au rythme des changements du pays. J'aime la télévision de papa, mais je préfère celle de demain.

Aux clubs privés, je préfère les fêtes populaires, aussi, et je préfère une télévision grand public de qualité à un assemblage de vidéo-clips branchés, parce qu'il est beaucoup plus difficile de faire évoluer cette télévision grand public que de créer avec les moyens audiovisuels modernes des miroirs aux alouettes.

Du succès qui me récompense actuellement je ne tire aucune gloire, et je ne vais pas partir me reposer sur mes lauriers. Je reste. Et je resterai tant que l'on voudra bien de moi, et que l'indice d'écoute témoignera en ma faveur. Je suis jeune et la route est longue. C'est ainsi que je vois l'avenir : une autoroute qui n'en finit pas, et je ne tiens pas à sortir à la prochaine bretelle, mais à m'arrêter le temps de boire un café, faire le plein et à repartir gonflé à bloc. J'aime les étapes mais je n'aime pas les temps morts.

Nous sommes à l'aube d'un changement total des relations entre le public et la télévision, un bouleversement qui perturbera certains. En tant qu'homme de communication, je tiens à dire que je réponds « Présent », et que je serai là des deux côtés de l'écran, côté stars et côté public.

L'habilleur et le maquilleur m'ont tiré de mes pensées. C'est bientôt l'heure. Je suis prêt. Je respire profondément.

Je suis en coulisses. J'entends les pubs. Gainsbourg écrase sa cigarette sur le sol en ciment. Il hoche la tête, machinalement, nerveusement. Générique.

C'est à moi. J'entre en scène, sous les projecteurs et les applaudissements. Je souris, je suis heureux.

TABLE

Achevé d'imprimer en octobre 1985
sur presse CAMERON
dans les ateliers de la S.E.P.C.
à Saint-Amand-Montrond (Cher)
pour le compte des Éditions Grasset
61, rue des Saints-Pères, 75006 Paris

N° d'édition : 6800. N° d'impression : 2507-1667.
Dépôt légal : octobre 1985.

Imprimé en France

ISBN 2-246-36611-9.